Constantin von Barloewen · Clown

Constantin von Barloewen

Clown

Zur Phänomenologie des Stolperns

Athenäum

Den Bildteil konzipierten:
Janina Forell und Catarina E. Gaede

CIP-Kurztitelaufnahme der Deutschen Bibliothek:

Barloewen, Constantin von:
Clown : zur Phänomenologie d. Stolperns / Constantin von Barloewen. – Königstein/Ts. : Athenäum, 1981.
ISBN 3-7610-8141-3

Umschlaggestaltung: Alfred Schmitt, München
Gesamtherstellung: Friedrich Pustet, Regensburg
Printed in Germany
ISBN 3-7610-8141-3

Für G. und B.

Claude Lévi-Strauss begründet die Notwendigkeit seines Wissenschaftsverständnisses mit der Sorge, daß „in unserer Gesellschaft Wissenschaft vollkommen von der Kunst getrennt wird, das heißt also von allem, was in uns noch mit Sensibilität zusammenhängt".

Dieser Versuch über den Clown oszilliert bewußt in Wahrnehmungs- und Darstellungsform. Er berührt verschiedene Fachdisziplinen gleichzeitig. Narrative Elemente wechseln mit der Bemühung um Analyse. Eine wissenschaftliche Fundierung durch logisches Vorgehen wird von intuitiver Ausgestaltung begleitet – und vice versa. Beide Ebenen bedingen einander.

Maximilian Schell sei für das Überlassen des *Pierrot und Harlekin* von Picasso aus seiner Sammlung gedankt.

Heinrich Ellermann gilt besondere Verbundenheit und Freundschaft. Er las und kommentierte das Manuskript in den verschiedenen Stufen der Entstehung.

Wesentliche Schwierigkeiten bei der Materialbeschaffung konnten durch die Hilfe der Widener Library (Harvard University), Cambridge, Mass., überwunden werden.

München, im September 1981 C. v. B.

INHALT

Life would be unbearable if you would be wide awake.

T. S. Elliot

Von Zeit zu Zeit wird gezaubert …

Friedrich Nietzsche

I. Der Schelm der indianischen Mythenzyklen

If I lived a thousand years, I can never forget the intense emotion with which I regarded this figure – the form was divine.

Edgar E. Poe, *The Spectacles*

Am Rande des kühlwandigen Waldes herrschte zitterndes Grau, als die Menschen aus dem Shipapu, jenem entfernten Reich der Toten, Porta Aurea des Ursprungs und Sarkophag der Endlichkeit zugleich, an die Oberfläche dieser Welt traten. Es waren Tehua-Indianer, südlich des Rio Grande im vorkolumbischen Amerika.

Unter dem Nachthimmel erkannten die Götter die Schwäche des Menschen und befahlen Mesua, dem Häuptling, seinen Stamm nach Süden zu führen, dorthin, wo flinkes, warmes Sonnenlicht fiel, in den Garten der Welt, wo Kakteen blühten, wo es große, träge Blätter gab, auf denen man sich treiben lassen konnte.

Den Zug begleitete ein Mann, der durch eine grelle rotweiße Bemalung gekennzeichnet war. Anstelle der üblichen Federn türmten sich auf seinem Kopf getrocknete Kornblätter. Er zog voran an der Spitze des Zuges, der sich schwerfällig durch dorniges Gelände wand. Geriet der Marsch ins Stocken, sprang dieser Mann urplötzlich auf, tanzte, sang und stolperte, machte Späße, ließ dorrende Früchte reifen, bis der Stamm in schallendem Gelächter neuen Mut schöpfte, und ihm folgte zu dem Ort, an dem er sich niederließ und ruhte.

Dieser Mann war der Koshare – eine clowneske Figur, die sich in breitgefächerter Ausgestaltung bei einer Vielzahl von Indianerkulturen fand. Seine Stellung glich der eines Mittlers, der fastet und sich kasteit, der betet, bis sich unter dem fahl bedeckten Himmel der fruchtbare Boden öffnet und die quittegelbe Blume wachsen läßt. Der Koshare stand zwischen den Welten: er lag im Kampf mit der irdischen Ordnung und legte zugleich für die Mitglieder des Stammes Fürsprache bei den Göttern ein.

Im öffentlichen Zeremoniell stand er dem Schamanen zur Seite. Im sozialen Verband blieb der Koshare gefürchtet.

Andere Indianerkulturen kennen den Trickster, eine Schelmengestalt, die – Schöpfer und Zerstörer zugleich – in archaischer Form auftaucht. In ihm verkörpert sich Widersprüchliches: Spendend und sich doch verweigernd scheint er zunächst ziellos getrieben und erhebt sich gleichzeitig zur Inkarnation moralischer Werte.

Gelächter und Ironie durchpulsen die schelmische Tat, die in ehrfürchtige Scheu versetzt. Der Trickster wird zu einem *Speculum imaginationis,* in dem sich der Kampf des Menschen mit sich selbst und der Materie spiegelt, in die er ohne sein Wollen und seine Zustimmung gestoßen wurde.

Unter den Trickster-Gestalten der indianischen Mythenzyklen begegnen wir auch der Schelmenfigur der Winnebago, eines siouxsprachigen Stammes aus Nebraska, der sich für längere Zeit in einem Dorf niederläßt, um die Kinder aufzuziehen. Plötzlich, in der Vordämmerung eines frühen Tages brach der Schelm auf. Die Kinder waren erwachsen, die Arbeit verrichtet. Zwischen den Fächern der Ährenfelder wanderte er den Mississippistrom aufwärts, auf der Uferseite, die von seinem Stamm einmal bewohnt werden sollte; er besann sich der Aufgabe, deretwegen ihn der Erdmacher auf diese Welt gesandt hatte, und begann alle Hindernisse, die sich den folgenden Indianern möglicherweise in den Weg stellen konnten, zu beseitigen.

Als ihm auf seiner Wanderung in einer gewaltig hallenden Grotte ein strudelnder Wasserfall begegnet, droht er ihm und glättet die Wellen mit bunten Stöcken. Gegen die niedrigen Felsen aufschäumend, perlend, flutet der Atem des Wassers inmitten von Seeschlangen, felsigen Näpfen, sich bäumenden Rossen fort durch phosphorizierende Luft in ein anderes Land.

Der Mythenzyklus schließt, als der Schelm ein letztes Mal hinwandert in bleifahler Nacht, mit der Geschwindigkeit des listigen Blitzes unter der Herrschaft unheimlicher Gestirne. Er kauert auf einem Felsen, die Arme baumelnd wie Peitschenschnüre, kocht sich in steinernen Schüsseln grüntraniges Fleisch und hinterläßt als Spuren die Abdrücke von Gesäß und Hoden.

Waldschatten fluten vorbei durch den Morgenfrieden, als er im bläulichen Grau der Dämmerung in das Wasser steigt, das wie ein Becken eine träge, trübgrüne Flüssigkeit umschließt. Von dort rückt er auf in eine andere Ordnung, weg von der Welt, auf der Erdmacher lebt, die im Dunkeln west, hin zur Helle, zu einer Welt, die jenseits der diesseitigen liegt und die dem Schelm untersteht.

II. Der schelmische Dualismus: Kulturheros und Widersacher

... und Gott ließ ihn hundert Jahre lang sterben; dann rief er ihn ins Leben zurück und sprach zu ihm: „Wie lange bist du hier gewesen?" Einen Tag oder den Bruchteil eines Tages", antwortet er.

Koran, II, 261

Der indianische Schelm erscheint ursprünglich als Gottheit mit gespaltener Seele. Weder als Kulturheros noch als widersachender Narr ist er eine Phantasmagorie. Niemals ist er ein wesenloses Wesen, sein Sein verharrt im ursprünglichen Selbst. Friedlich durchstreift er sandige Ebenen und bestellte Felder, sucht milchtropfende Früchte inmitten gummischwerer Schlangenpflanzen, streckt abends die müden Glieder, schwer wie Senkblei, in geschnittenen Kornfeldern aus, begegnet aber auch einer feindlichen Natur: Zwischen bedrohlich schwankenden Monolithen taucht der Topos des Protestes gegen eine beengende und verpflichtende Umwelt auf. Sein Wissen um die äußere Welt und um sich selbst bleibt begrenzt. In den Mythen schildert ein Zyklus den Trickster, wie er zwischen gelben Wasserlilien den schwärzlichen Staub wie Goldpulver vom Gesicht wischt und das sich spiegelnde Bild der Lilien für die Blumen selbst hält: Ein erster Hinweis auf ein clowneskes Wirklichkeitsempfinden wird deutlich.

Wakdjunkaga, der Trickster der Winnebago, besaß ein gutmütiges Naturell und zog nicht mit auf den Kriegspfad. Aufbauen wollte er, weniger zerstören, glich einem Demiurgen und erinnert an den alternden Clown.

Die Anhänger des Peyoteritus pflegten einen Schelmenritus, der das satanische Element stärker betonte. Herehgunina war der Name für den großen, bösen Geist bei den Winnebago, der schon in archaischer Zeit bekannt war genauso wie Erdmacher, sein Gegenüber. Die Deutung des Namens weist auf luziferische Bezüge: der, dessen Bestehen zweifelhaft ist. Der Schelm als teuflischer Widersacher tritt hier als Grundfigur auf.

Kein Schelmensymbol ist statisch, gleichgültig welche Tradition stärker nuanciert wird. Schelmige Wesen verwandeln luftreich prustend die Welt, sie stapfen stumm voran, sind immer auf der Wanderschaft, werden von anderen spottend übertölpelt oder überlisten ihrerseits andere. In manchen Stämmen scheinen sie mit Gottheiten in gekrönter Verbindung zu stehen oder fungieren als der Geist der Gegenwelt.

Als „inspired madman" wie als Kulturheros fordert der indianische Schelm auf, ihm durch urzeitliche Wälder, zwischen paraheliotropischen Bäumen listig zu folgen. Die Hopikultur zeigt, daß er als verneinender Gegenspieler in den öffentlichen Zeremonien auch Träger einer sozialen Rolle sein kann, eingebettet in das feingliedrige Gefüge seiner Kultur, obgleich er als Widersacher geheiligte Rituale und Zeremonien zur Burleske entstellt.

Die Hopi liefern im Ritual der heiligen Tänzer einen stimmigen Beweis für die mögliche Verknüpfung beider clownesker Rollen.

Während die Kachinas, die Götter der Fruchtbarkeit, in der kreisenden Niederkunft des Tages wie Derwische um den sandfarbenen Platz tanzen, der von lehmfarbenen Pueblos der Hopi eingesäumt wird, unterbricht die übernatürlich anmutende Erscheinung der Chühü'wimkya Clowns, die sich im sinkenden Licht auf den Dächern rund um den Platz postieren, die geheiligte Zeremonie. Die Körper der Clowns sind mit leberfarbenem Lehm bedeckt, auf den Köpfen tragen sie lappende Kappen aus graugrünem Fell, die Augen sind mit markigen, schwarzen Vs gezeichnet. Auf der Ballustrade tänzeln sie wirbelnd wie fliegender Staub über dem Abgrund, täuschen einen Sturz vor und zaubern das Gelächter der Zuschauenden hervor, die plötzlich das Interesse an den geheiligten Tänzen verlieren und gebannt auf die Bretter starren, die, vom Dach gelöst, als Rutschbahnen verwendet werden. Auf dem Platz reiten die Chühü'wimkya Clowns verzückt auf galoppierenden Pferden und zeigen sich verblüfft über das Auftauchen der Kachinas. Rasch mischen sie sich unter die Kachinas, treten unvermittelt wieder zurück, formieren eine eigene Reihe, tirilieren lautstark die Lieder der Kachinas und vergnügen sich unaufgefordert beim Flaschenspiel. In der Pause, in der sich die Kachinas erholen, tanzen die Clowns in zylindrischer Formation weiter, um schließlich in das Ritual einzuschwingen und die Tänzer mit kieselrunden Körnern und pflanzlichen Wurfgeschossen zu bewerfen. Die Clowns genießen die Freiheit, die sie sich nehmen, und tauschen am Ende mit den gaffenden Zuschauern Nahrung und Geschenke aus: Palliativ gegen die Permanenz des Gebundenseins.

Auch im „Night Chant" der Navajo Indianer wird die Orthodoxie herausgefordert. Die Clowns greifen dem Procedere ungefragt voraus, geben den heiligen Tänzern Signale, schlängeln sich wie scharlachrote Regenwürmer durch die Zeremonien, bewerfen die Zuschauer mit nasser Asche und krümelnden Krusten, reiten rittlings auf den Pferden und zelebrieren genüßlich ihre oppositionelle Haltung. Wieder wird die Magie in eine Burleske verkehrt. Die Wunderwirker lassen den Mut wie die Heloten nicht sinken.

Das wesentliche Merkmal indianischer Clowns bleibt die Verankerung im Gefüge der Kultur. Zwischen einem tief verwurzelten Wirklichkeitsbezug und dem Zugang zum Göttergehege pendelnd, bleiben sie ambivalente Figuren.

Die Ne'wekwe Clowns der Zuni Indianer hatten zusätzlich therapeutische und heilende Aufgaben und verschrieben sich auch der schwarzen Magie.

In den Kulturen, die strengen Moral-Codices unterworfen waren, herrschte zuweilen unter den Clowns eine prächtige phallische Symbolik. Falsche, aufschwellende Genitalien wie Bauchläden vor sich tragend, haben sie die Aufgabe eines Ventils. Das evozierte Gelächter über Tabus hatte eine befreiende Wirkung.

Bei aller Vielfalt der Erscheinungsformen bleibt den Clowns die gemeinsame Funktion der „Delightmakers", gleichgültig, ob sie gefürchtet, verlacht oder als ans Übernatürliche grenzende Figuren verehrt werden.

Das Übernatürliche verdeutlicht sich in den schamanenhaften Zügen und paart gegensätzliches: Akrobatik wechselt mit atavistischen Gelüsten zum Aufruhr.

Dieses Sein in verschiedenen Bereichen gewährt neben der stützenden und integrierenden Rolle auch die Freiheit, tragende Institutionen und Personen der Kultur verhöhnend zu befehden.

In ihrer stützenden Rolle wachen Clowns über das Arsenal der Waffen, während die heiligen Tänzer in ritueller Trance verharren. Die Tübatulabal Indianer Kaliforniens schätzten das Lebenselexier des schelmischen Zwiegesprächs so hoch, daß sie ihren Häuptling neu bestimmten, wenn er in Kollision zu den „Delightmakers“ geriet, und der freundliche Gehorsam einer beiderseitigen Animosität wich.

Gerade die Akkulturationsphase beim Aufeinanderprall mit der eindringenden weißen Zivilisation bewies die tragende Rolle der indianischen Schelme in ihrer Kultur. Geringschätzig wendeten sie sich gegen den Habitus der Weißen, parodierten Elemente der fremden Zivilisation und stärkten in an Geistertänze erinnernden Zeremonien das kollektive Ego durch eine Diskreditierung des Feindes.

Der Tiefe der Verwurzelung clownesker Widersacher in der sozialen Gemeinschaft entspricht die Unerbittlichkeit der Akkulturation, die auf die gezielte Zerrüttung gerade derjenigen Rituale und Zeremonien ausgerichtet war, deren clownesker Kern ihre kulturelle Identität betonte. Den Clowns, den beschwingten Kreaturen, sollte die Konfession der Lethargie abgerungen werden.

Gottesfigur, phantastisches Getier – flügellahme Krähe oder grimmiger Falke –, menschliches Wesen – ewiger Lakai oder Heros, Possenreißer, Verneiner, Bejaher, Vernichter und Schöpfer – der Schelm der indianischen Mythenzyklen birgt in sich jene berstende Dichte und metaphorische Vielfalt.

III. Hermes: eine Hypostasie des Clownesken

Whispering Gallery walls have ears
James Joyce, *Ulysses*

Beide Seiten der clownesken Doppelnatur, das wunderwirkende Element und das diabolische, das dem Widersacher Gemäße, der als Anwalt der Gegenwelt fungiert, lassen sich auch in anderen Kulturen, so in der griechischen Mythologie, wiederfinden.

Eine Affinität zwischen dem Erzschelm, dem Archi-Trickster der Indianerkulturen, und der griechischen Mythologie liegt in der Figur des Hermes, Sohn des Zeus und der schamhaften Nymphe Maia, die in einer tiefbeschatteten Höhle lebte, in dem Berg Kyllene in Arkadien. Durch Betonung des Drastischen wird jenes Spätarchaische charakterisiert, das bei Aristophanes oder in dem Phlyakenspiel durchbricht und ebenso die langlebigen Trickster-Geschichten der Winnebago durchherrscht.

Hermes bewegt sich weit außerhalb der gesetzten und gesetzlichen Grenzen, wie jeder Schelm. Er schwankt in einem hermetischen Zwischenreich, einer Art Niemandsland.

Zur Ganzheit archaischen Lebens gehört auch die Unordnung, die in jedem Trickster verborgen ist. Zwischen den festgesetzten Grenzen des Erlaubten ermöglicht er das Erleben des Unerlaubten, das eine gewaltige Lebensmacht beherbergt. Er ist der Geist einer Daseinsgestalt, die unter verschiedenen Bedingungen wiederkehrt und neben der Güte auch die Schadenfreude kennt. Die Summe entgrenzter Linien als Wege, als hermetischer Spielraum, das Zufällige als hermetischer Stoff, seine Verwandlung durch Fund oder Raub in hermetisches Kunstwerk und in alle Arten von Auswegen aus beengendem Gehorsam und Einschränkung durch Gesetze und Sitten: dies sind keine sphärischen Gewalten, sondern Tore eines Sternengerüstes, in das Hermes einweist.

Er scheint mit gezieltem Wurf einen Parameter getroffen zu haben, der die Fragwürdigkeit als Grundzug jeder Wirklichkeit erfaßt. Der Schelm der Götter, dessen Wesen sich nach allen Seiten öffnet, kennt keine Festlegung auf ein bestimmtes Geschlecht und gleicht zuweilen einem priapischen Engel. Das übermächtig Phallische, das auch den Schelmen der Indianerkulturen eigen ist, hebt die Eindeutigkeit des Geschlechts auf.

Wakdjunkaga wird in einer Mythe Braut und Mutter zugleich, und auch die antike Komödie kennt den protzig tönenden Mann, der als Braut verkleidet ist: in der „Casina“ des Plautus, in den „Atellana“-Stücken oder in der Situationskomik bei Aristophanes. Klingelnd und geschmeidig tänzeln frauennachahmende Männer unter johlender Betonung des eigenen Geschlechts auf der hellenistischen Volksbühne, die schon im Kult der Artemis Kordaka bekannt waren.

Die eigentümliche Geschlechtsneutralität des späteren Clowns scheint auf eine frühe Wurzel zu verweisen.

Der indianische Schelm verfügt noch nicht über den mächtigen Zauberstab, mit dem Hermes als schweifender Bote und Vermittler zwischen den Welten Seelen geleitet, verwurzelt in einem eigenen Reich: Ausdruck göttlicher Stärke, die über das Schelmentum hinausragt.

Der Schelm als eine mythische Gestalt wird zu einer kollektiven Schattenfigur, in der sich der verborgene, gleichsam geheime Teil menschlichen Bewußtseins spiegelt.

Am Ende des Schelmenmythos steht tröstliche Ahnung, die Sehnsucht auf den Heilbringer wird aber in der Verlorenheit des „Heillosen“ geboren. Diese Grundmetapher schlägt durch alle Kulturstufen, reicht über das Mittelalter bis zu den clownesken Phänomenen der Moderne.

Archaische Clownsfiguren

1 Archaischer Hermes, mittelalterliche Illumination. Oxford Bodl. Library. **2** und **3** Narrenfiguren der griechischen Komödie. British Museum, London. **4** Bucco, prahlerische Gestalt der römischen Attelanen-Farce. **5** Pappus, Altmännerfigur der Atellanen-Farce. **6 + 7** Koyemsi und Koshare, Clowns der Pueblo-Indianer. Zeichnungen von Frank Bock. **8** Cayuga-Indianer mit Maske und Rassel aus einem Schildkrötenpanzer, 1907. Museum of the American Indian. **9** Koyemsigruppe, um 1903. Museum of the American Indian. **10** Clown des Balinesischen Tanztheaters Wajang Wong. Columbia Records. **11** Chinesischer Clown, Sezuan. London University.

1

2

3

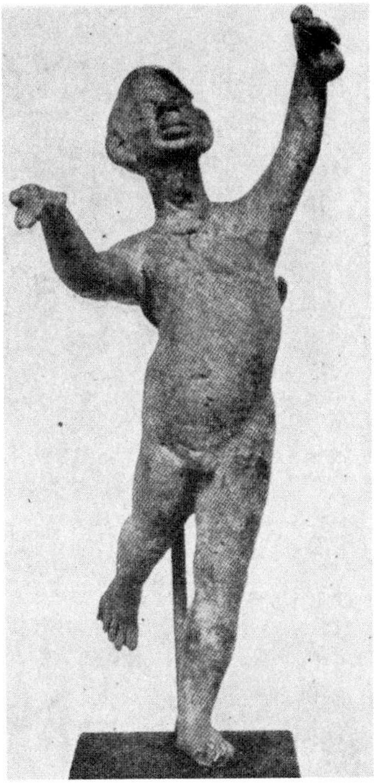

4

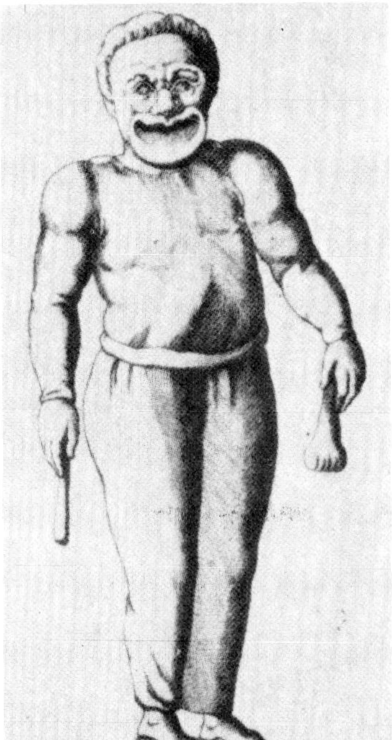

5

6

7

8

9

10

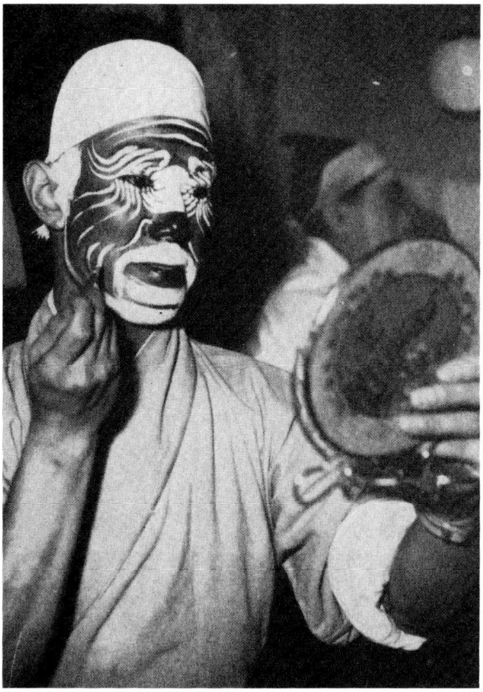

11

In der indianischen Trickster-Figur und in Hermes findet sich der Widersacher bereits ebenso wie der Heilbringer, beide Charaktere sind Facetten eines Archetypus.

Ein gewürfeltes Maß an Rationalität und Sinnlichkeit gehören zusammen, weil sie in der Geschlossenheit einen Angriff auf eine kosmische wie weltliche Ordnung formieren.

In beiden Hypostasien zeigen sich Züge von Wesen, die nirgendwo hingehören. Es scheint nicht verwunderlich, daß in der Astrologie der Renaissance das Hermes-Zeichen stellvertretend für den Komödianten und die Jester-Figur steht. Das hölzerne Schwert des Harlekin steht analog zu dem Caduceus, dem von zwei Schlangen umwundenen Heroldsstab Merkurs, des römischen Pendants zum griechischen Hermes.

Das phallische Symbol eines vielgestaltigen Gottes führt die Seelen in die Welt irrealer Schatten, wie der Rattenfänger von Hameln, im Gewand eines Harlekin des Mittelalters, die Kinder mit einer Flöte in die Unterwelt lockt.

Die Verbindung von Clown und diabolischer Figur als Widersacher einer kosmischen Ordnung, der sie selbst angehört, wird offensichtlich.

Der Luzifer gleicht einem häßlichen Monstrum und ist doch ein geschickter Rabulist, der die göttliche Ordnung schwankend macht. Caliban steht zu dem heiligen Prospero wie ein Teufel zu einer Gottesfigur: er lernt begierig die Sprache und kehrt sie gegen den Lehrer.

Der Widersacher, der Anwalt der anderen Seite wäre verloren, existierte das Göttliche nicht, ebenso wie es die Schelmenfigur der antiken Komödie als Parasit an den prunkvoll gedeckten Tafeln römischer Gesellschaften zwischen den Patriziern – gehüllt in milchweiße Tonikas – ohne reich gefüllte Tische nicht gäbe.

IV. Blasphemische Parodie und ketzerische Clownerie: Narrenfeste und Sociétés Joyeuses

There seemed a certainty in degradation
T. E. Lawrence, *Seven Pillars of Wisdom,* CIII

Wenige der frühen Missionare, die eine Zerschlagung der widersachernden clownesken Gruppierungen der Indianerkulturen miterlebten, konnten wissen, daß die katholische Kirche in Europa über vierhundert Jahre lang ähnliche Gegenkulturen sanktionierte:

In einem anarchisch anmutenden Raum gestalteten sich die Feste der Narren und demonstrierten die Verbindung von göttlicher Ordnung und diabolischer Gegenwelt.

1445 adressierte die theologische Fakultät der Universität von Paris einen Brief an die französischen Kathedralen, der sich gegen ein Phänomen wandte, das in den Kirchen einen hohen Grad an Popularität erlangte. Dort sah man zwischen dem 12. und dem 17. Jahrhundert in Intention und Praxis eine Messe des Teufels, des Widersachers, als eine blasphemische Parodie der heiligen Messe. Der niedere Klerus durfte während dieser Zeit in der Hierarchie aufrücken, vertrieb die hohe Geistlichkeit für die Dauer des Festes aus der Kirche, ernannte eigene Päpste, Bischöfe, Priester, köpfte Flaschen, trank bis in den Morgen, trug kastanienbraune Masken, schnitt monströse Gesichter und behängte die Leiber mit Frauenkleidern; Diakonen und Subdiakonen aßen auf dem Altar vor der Nase des messelesenden Priesters wulstige Würste und verschlangen schwarzen Pudding. Der Altar wurde zu einem Trinkgelage entweiht. Anstelle der Kyrie dröhnte ein lärmendes „He-Hoo“ durch die hallende Kuppel, und der Klerus schlurfte schamlos durch die schallenden Flure der Kirchen, zog durch die Straßen der Stadt, drang ins Theater mit tosendem Gebrüll, eingelumpt in abgerissenes Leinen, fabulierte allerlei Obszönes und evozierte mit ruckartigen Trompetenstößen das Gelächter der Menschen.

Derweil zogen Priester zwischen Kelchen aus feinstem Kristall und silbernen Leisten weiter durch die Kirche, die Gesichter mit gefärbtem Talkum pechschwarz besudelt, die Larven kaschierend vor den Gesichtern. Sie gebärdeten sich zwischen den Granitblöcken als Possenreißer oder verkleideten sich mit Stola und Kapuze als Tiere. Narrenpäpste, von kleinem Wuchs, wurden in der Kirche gewählt, vulgäre Zotenlieder, von der getarnten Geistlichkeit bejohlt, hallten dumpf wie in einem Totenpalast, das Rauchfaß diente nicht mehr zur Verbrennung des duftenden Weihrauchs, sondern zum Schmoren stinkenden Unrats und alter Schuhsohlen in prasselndem Feuer. Vor dem Altar entkleideten Narrenpäpste genüßlich ihre knotigen Körper.

Die Narrenfeste standen in verschiedenen Ausgestaltungen in einer langen Tradition. Bereits das Konzil von Toledo im Jahre 1633 verbot Ausschweifungen dieser Art. Theophylaktus versuchte seinerseits, die Orthodoxie der griechischen Kirche in Konstantinopel zu sprengen, und hinterließ mit den Narrenfesten in seiner Kirche merkliche Spuren, wie Karl-Friedrich Flögel in seiner Anthologie über die „Geschichte des Grotesk-Komischen" 1862 vermerkt.

Friedrich Nick wies ihnen 1861 in seinem Buch „Die Hofnarren, Lustigmacher, Possenreißer und Volksnarren" das Bemühen zu, Standesunterschiede auszubalancieren. „Daher wurde im Andenken an diese goldenen Zeiten des Saturns den Knechten alle Freiheiten gestattet, sie tummelten sich unter Patriziern, trugen als Zeichen der Freiheit Hüte, gingen in Purpur, in weiße Togen gekleidet und wurden von ihren Herren zu Tische gebeten."

Das rebellische Element der Narreteien tritt als wesentliches Prägemerkmal bereits hervor.

Den ketzerischen Charakter der Narretei unterstreicht auch Goethe, der vom Fenster seiner Wohnung, am Corso Nr. 20, den römischen Karneval in der Schattenpracht der Allee beobachtete und die Nivellierung der Standesunterschiede als entscheidendes Prägemerkmal erkannte, woraus für ihn ersichtlich wurde, daß „Freiheit und Gleichheit nur in dem Taumel des Wahnsinns genossen werden können".

Ein wenig erinnert das Fest der Narren an die Saturnalien der römischen Antike. Bestimmte volksfestartige Versammlungen, wie sie im Frankreich des 12. Jahrhunderts bekannt waren, in Beauvais etwa, wo die Flucht nach Ägypten als Groteske entstellt wurde, wo die Kongregation die gewohnten lateinischen Repliken in Zeremoniell durch lautstarkes Krakeelen ersetzte, stehen in vergleichbaren Traditionen. Trotz immer stärkerer Gängelung durch die offizielle Kirche tauchten die Feste der Narren in Mitteleuropa bis in die Zeit der protestantischen Reformation auf.

Als das Clowneske aus den Kirchen verdrängt wurde, begann es sich zu säkularisieren und glich der Implosion des Verlangens in einem Vulkan. In Frankreich entstanden sogenannte sociétés joyeuses, deren Mitglieder sich einer Gemeinsamkeit verpflichteten. In Gestalt von Gilden formierten diese sociétés joyeuses im 15. und 16. Jahrhundert etwa als „clercs de la basoche" eine Vereinigung von Rechtsanwälten oder eine Gruppe von Universitätsstudenten, die „enfants sans souci".

Die sociétés joyeuses standen in der Tradition des Narrenfestes. In einem Königreich der Nacht wurden Narren gekürt und der „sermon joyeux" als eine Travestie des kirchlichen Sermons in gespielter Ergriffenheit gefeiert. Die gesellschaftliche Pyramide wurde in abgestufter Schichtung vom Bauern zum König in freier Willkür geringschätzig persifliert: man pries die Mobilität illusorischer Formen.

Die Narrenvereinigung von Dijon, die l'infanterie Dijoneuse oder Mère Folle steht beispielhaft für den fulminanten gesellschaftlichen Einfluß dieser Gruppierungen. Als die orthodoxe Kirche sich den Narreteien wie eine Phalanx entgegenstellte, garantierte Philip, Herzog von Burgund bereits 1454 den Fortbestand in säkularisierter Form außerhalb der Kirchen. Die Mère Folle erstarkte als eine Gemeinschaft der Narren, die sich in breitgefächerter Gestalt aus fünfhundert Mitgliedern, Kaufleuten, Rechtsanwälten und Regierungsbeamten rekrutierte und einzig dem Diktum gehorchte: Numerus stultorum infinitus est.

Sie wies eine offensichtliche Affinität zur Geckengemeinschaft von Cleve auf, deren Prinzen in enger Verbindung zu den Herzögen von Burgund standen. Das rebellische Element des Narren erweist sich wieder in der Verkehrung sozialer Rollen. Der erste Stand kroch im Ritual der Geckengemeinschaft in die scharlachfarbene Tracht der Weingärtner, kauerte wie Galeerensklaven auf speichenrädrigem Wagen, der von einer Eselin gezogen wurde, johlte lärmende Gassenhauer und kritische Spottlieder, stachlig wie Kaktusfeigen, und verhöhnte in kathartischer Eruption den sittlichen Verfall der Zeit. Der Narr als Sittenhirte erinnert an die Funktion des Kulturheros.

Eine Narrenfigur mit silbrig funkelnder, gestickter Kappe und karierten, schwefelfarbenen Schuhen war das Signum des Narrenordens der Geckengemeinschaft, die 1381 entstand. Ihr Ritual wurde alljährlich zelebriert. Eine Versammlung wählte alle drei Jahre einen neuen König in einem Saal, dessen Wandbehänge aus goldenem Brokat bestanden, das über eine eingefaßte, in Mahagoni eingelegte Wandverkleidung voller geschnitzter Kapitelle lappte. Dem König standen sechs Ratsherren zur Seite. Die gesellschaftliche Hierarchie sollte trotz feierlicher Etikette durch Vermeidung jeder steifen Konvention, hinfälliger Erlaubnisakte und überlegtem Hinwegsetzen über Standesdünkel unterhöhlt werden.

Wieder demonstrierte der Narr seine rebellische Potenz gegen duckende Normen, hartnäckig wie eine Kletterwurzel.

Die sociétés joyeuses wuchsen rasch zu mächtigen, korrigierenden Kräften, die der Korruption entgegentraten und sich um politische Balance bemühten. Die Furcht vor öffentlichem Spott diente als scharfe Zensur, die als disziplinierende Waffe gezielt eingesetzt wurde. Diese Tradition setzten später die Narrenorden fort, die im Mittelalter große Bedeutung hatten, zwischendurch an Macht verloren und gegen Ende des 18. Jahrhunderts wieder erstarkten. Die Dürener Narrenakademie zählte zu Beginn des 19. Jahrhunderts über tausend Mitglieder. Die regelmäßige Beschneidung der Machtfülle der sociétés joyeuses demonstriert freilich das Maß der Bedrohung, das staatliche Institutionen in ihnen erkennen zu können glaubten. Ihr Rang im öffentlichen Leben bestimmte sich auch durch die Geschichte selbst: Den Protest gegen eine Steuererhöhung durch König Louis XIII. nahm die Staatsmacht zum Anlaß, nicht nur die Rebellion in Schach zu halten, sondern auch die Mère Folle zu verbieten.

Sie war ab diesem Zeitpunkt einer staatlichen Meldepflicht – Ausdruck einer unbestreitbaren Hegemonie – unterworfen.

Ein Vergleich zu den clownesken Widersachern und Wunderwirkern der Indianerkulturen markiert wesentliche Unterschiede. Das Einsickern komischer Phantastika wurde jetzt als politische Erosion gedeutet. Anders als die verneinenden Schelme der Indianerfiguren tragen die sociétés joyeuses bereits die Insignien der unliebsamen politisch-gesellschaftlichen Bedrohung, obwohl in ihnen die repräsentativen Stände vertreten waren.

V. Clowneske Tendenzen im Mittelalter

How do you know ev'ry Bird
that cuts the airy
way
Is an immense world of delight,
Clos'd by your senses
five?
William Blake, *The Marriage of Heaven and Hell*

Die Zeit des beginnenden Mittelalters, die folgende Phase des sozialen Umbruchs und des geistesgeschichtlichen Aufbruchs bedeutete eine voranschreitende Entgrenzung des Clownesken. Die vielgestalteten Erscheinungsformen können nur kursorisch gestreift werden.

Histrione, Mime, Jester, Narr, Zani, Jongleur in Westeuropa oder Skomozokhi in Rußland – sie alle unternahmen ihre Beutezüge im Reich des Singulären. Die Jahrmärkte wurden zur Heimat der Clowns, soweit sie als Narren keinen Zugang zum Hofe oder in die sociétés joyeuses fanden. Das Problem der Nomenklatur weist bereits auf die breitgefächerten Erscheinungsformen hin. Da waren die Minstrels im 13. Jahrhundert, von denen sich zuweilen die Hofnarren abspalteten, Clowns zeigten sich als Artisten, spielten Troubadoure, tanzten auf dem Seil, schluckten und spien Feuer, teilten mit Straßenräubern und Pilgern das Stigma der Unbehaustheit und Ausgestoßenheit, wenn sie sich zwischen dem sichelförmigen Strahl kochenden Wassers mit Flocken agglutinierten Wasserschaums bewarfen.

Der Zani führte im Mittelalter seinerseits wieder eine besondere clowneske Existenz. Meist blaß wie ein Lilienblatt aus Eierschalen, ging er einem Mountebank, einem wandernden, unlizensierten Arzt zur Hand, der schmerzende Zähne aus den Eiterbetten zog und selbstgezüchtete, safrangelbe Heilkräuter verkaufte. Als Helfershelfer erscheint er im Umfeld eines Scharlatans, eines „mount a bank", eines Mannes also, der über hölzerne Bänke klettert, um gaffendes Publikum zu betören, und rückt wieder in gefährliche Nähe sozialen Außenseitertums. Spielerisch und prahlerisch Seriosität vorgaukelnd, vertreibt er runde Pillen. Während der Zani, mit den Schuhsohlen spratzelnd, wild und komisch hinter dem Rücken des Mountabank gestikulierend auffordert, nichts zu kaufen, geschieht das Gegenteil: der Truc gelingt – und die johlende Menge kauft in Scharen.

Eine deutliche Affinität besteht auch zwischen der mittelalterlichen Vorstellung des „wilden Mannes" inmitten faulenden Laubes des Sumpfwaldes und der Narrenfigur, die zu Anlaß der Fastnachtsumzüge der Patriziergesellschaften in Basel bis in die Gegenwart tradiert wird. Kraftvoll keulenschwingende, diabolisch anmutende Männer – Spieß und Speer bei Fuß – und tollwütig keifende Hunde mit weit heraushängender scharlachroter Zunge formieren in mystischer Verzückung einen Gespensterzug, den in germanischen Sagen ein wilder Mann mit einer Haut wie Fledermausflügel, einem Lederwams gleich, in Qualm, Staub und Hitze anführt.

Die Ritterturniere des späten 15. Jahrhunderts kannten eine Periode, in der wilde Männer mit tätowierten Lippen und schweißnasser Brust schwerbewaffnet gegeneinander antraten. Mit der Wende zum 16. Jahrhundert trat die Figur des „wilden Mannes" immer stärker hinter den lauernden Narren zurück.

Auch der Nürnberger Schönbartlauf im 16. Jahrhundert vereinte Handwerker, in weiches, buttergelbes Samt gekleidet, mit Metzgergesellen, die Narrenkappen trugen, knatternde Feuerwerkskörper platzen ließen und barfuß, die Sohlen blutig und das Haar starr vor Schmutz, die „wilden Männer" als Attraktion ankündigten. In der Mitte des Marktplatzes türmte sich ein mit flatternden, grellbunten Wimpeln geschmücktes Gestell voller Ziegel und Schindeln, das an die Narrenschiffe Sebastian Brants oder Hieronymus Boschs erinnerte und das von den „wilden

Männern“ in Halbkreisformation mit meuterischer Attitüde, siegessicher vor einem Wald senkrechter, starrender Speere gestürmt wurde. Die lodernde „Hölle“, die durch das Gefährt symbolisch ihre Verkörperung fand, stand für das unaufhaltsame Erwachen des Frühlings.

Etymologisch wurzelt das Wort Clown als Äquivalent für Narr, Mime, Jester oder Zani im 16. Jahrhundert. Es läßt sich freilich auf „Colonus“ und „clod“ zurückführen, was Bauer bedeutet. Der Clown als „Country Yokel“, wie er aus Shakespeares pastoraler Komödie „As you like it“ bekannt ist, wird zu einer gewissen universellen Stereotype des Komischen. Das Isländische kennt das Wort „Klünne“, das Friesische „Klönne“ und im Dänischen wird „Klunes“ und „Clods“ synonym gebracht und bedeutet Clown.

Die englischen Clowns dieser Zeit bezogen biblische, religiöse Metaphern in ihre Darstellung mit ein. Schäfer mit dunklen Tabakflecken an den Fingerspitzen treiben ihr Spiel, und der Country Yokel tummelte sich zwischen Hirten, wobei er wieder in einer wahrhaft satanischen Feerie als lustiger Charakter drapiert, mit scharlachroter Nase, gezackten Hörnern und gefranstem schweifigen Schwanz ausstaffiert ist.

Diese Grundstimmung schlägt bis in die Literatur durch, man findet sie etwa im pikaresken Roman. Rabelais verweigert sich jeder Drosselung und stellt sich mit dem Schelmenschwert gegen die mittelalterlichen Formen gegängelten Lebens. In Spanien vertrat der pikareske Roman eine seltene Möglichkeit des Aufbäumens gegen verzahnte hierarchische Ordnung, Goethe

Narren und Toren – Widersacher der Ordnung

12 und **13** Holzschnitte zu Sebastian Brant, Das Narrenschiff. Basel, 1494. **14** Jost Amman, Der Schalksnarr. Frankfurt 1568. Germanisches Nationalmuseum, Nürnberg. **15** Narrenbischof mit Narrenstock, um 1500. **16** Holzschnitt zu Sebastian Brant, Das Narrenschiff, Basel 1494. **17** Anonym, Niemand, 1700–1730. Germanisches Nationalmuseum, Nürnberg. **18** Hieronymus Bosch, Das Narrenschiff, 1510–1516. Musée du Louvre, Paris. **19** Francisco Goya, Ya tienen asiento. Radierung 26 aus Los Caprichos. W. F. und C. G., München.

12

13

14

15

16

17

18

Ya tienen asiento.

19

schrieb später seinen Reinecke Fuchs während der Französischen Revolution und schuf ein epochales Schelmenepos, in dessen widersachernder Tradition Thomas Mann den Hochstapler Felix Krull als bürgerlichen Schelm skizzieren konnte.

Das Wechselspiel zwischen der Rolle des Kulturheros und des Widersachers nimmt durch sein Chargieren besondere Formen an, die in den verschiedenen geistigen Manifestationen einer Kultur sichtbar werden.

Der humanistische Gelehrte Sebastian Brant veröffentlichte 1494 sein „Narrenschiff", eine lose, sehr erfolgreiche Folge von Beschreibungen, die das Narrenphänomen behandelten, eingefaßt in Kapitel, die durch begleitende Holzschnitte bildlich illustriert wurden. Zwischen gleitenden Schatten war das „Narrenschiff" Träger einer Fahrt ins Ungewiße und mahnte in seiner Symbolik zur christlichen Rechtschaffenheit. Der Narr legt wieder Zeugnis von seiner Bedeutung als Weltfigur ab und steht kapriolenschlagend stellvertretend für die Menschheit.

Hieronymus Bosch entwirft um 1510–16 eine eigene Version des „Narrenschiffs": ein auf unruhigem Wasser treibendes Gefährt, zwischen Ufern des Ödlandes, ausgestattet mit allen Schattierungen der Torheit. Der Narr als Gegenspieler, als Widersacher einer Ordnung, gewinnt auch hier Konturen in Abgrenzung zu dem Bildnis des Christenschiffs, das die Flut besänftigt und hinter dunklen Schleiern Himmelspforten entgegensteuert. Während das Narrenschiff einen hölzernen Masten trägt, an dessen Spitze mit Steinmessern ein Totenkopf eingekerbt ist, symbolisiert ein Kruzifix auf dem Mastbaum eines Christenschiffs neben den Winden ohne Spakenkreuz im Sinne Wynandus des Stegas den Opfertod Christis. Die Flagge des Narrenschiffs firmiert mit einer Mondsichel als Zeichen nomadenhafter Rastlosigkeit, es zeigt Menschen, getrieben ins Purogatorium. Wie Sebastian Brant will auch Hieronymus Bosch, exemplarisch an der Mißachtung des Karfreitags, seiner Zeit kritisch den Spiegel vor Augen halten.

Der Narr auf dem Narrenschiff steht zwar am Platz des Steuermanns, kehrt aber den Mitfahrenden, starr wie in Eis getaucht, den Rücken zu und verweigert im Abwenden die Verantwortung, vor sich nur die lange Nacht. Die bildliche Darstellung läßt in der dickflüssigen See einen Fisch erkennen, das Symbol Christi, der aber gerade von dem leidenden Narren unentdeckt bleibt. Im 20. Jahrhundert erinnert Rimbauds „Bateau ivre" an die Metapher des „Narrenschiffs" und weist auf das immer wiederkehrende Problemfeld von göttlicher Ordnung und widersachender Gegenkraft.

Im Umbruch zur Neuzeit wirft die Gestalt des Narren ein besonderes Licht auf die Torheit als einer kulturellen und sozialen Kraft. Ernst Cassirer entwirft in „Individuum und Kosmos" eine Gesamtschau der Renaissance und zeigt, wie sich in der Philosophie von Cusanus – einem Brennpunkt des vielgestaltigen Denkens der Zeit – geistige Grundkräfte der Epoche spiegeln. Das Ethos einer Kultur dient als Hintergrund, vor dem das nur scheinbar amorphe Ineinandergreifen von Ideengeschichte und Realgeschichte demonstriert wird.

Im Dialog „Idiota de Sapientia" von Cusanus erfährt der Narr – in Analogie zu dem ungelehrten Laien – eine mittelbare und gleichzeitig entscheidende Umdeutung gegenüber dem pedantischen Wissenschaftler. Die Rückführung auf den antiken griechischen Wortsinn macht diesen Versuch verständlich. Die Betonung der eigenständig erfahrenen Empirie und die Befolgung des eigenen Verstandes wurde dem „Idioten" als einer auf sich selbst gegründeten, sich unabhängig gebärdenden Privatperson zugesprochen. Grundschichten der Erfahrung sollen mit einer paradoxen Dynamik in Einklang gebracht werden. Es vollzieht sich eine gegenständliche Beschreibung der gesellschaftlichen Realität, ein Zurückschrauben auf menschliche Grundverhältnisse, auf ein Minimum an Existenz, das in extremis verbleibt.

Die Nobilitierung des eigenständigen Denkens signalisiert eine Abgrenzung gegenüber scholastisch mittelalterlichen Traditionen mit ihrem Beharren auf Gesetzesautoritäten, die als Entmächtigung empfunden wurden.

Das Zum-Vorschein-Bringen von Mündigkeit aus Unmündigkeit war immer bereits Leistung des Narren und setzt eine deutliche Analogie.

Der Clown bei Cusanus ist ein löffelschnitzender Greis. Albrecht Dürer und Leonardo da Vinci zeichnen auf ihre Weise den ungebildeten Laien als geachtete Denkfigur, der durch seine

„gelehrte Unwissenheit", wie Klaus Peter Schuster in „Unter der Maske des Narren" formuliert, die Himmelspforte durch seine „Randlage" zum Göttlichen zu streifen scheint.

Das christliche Selbstverständnis läßt die Figur des christlichen Tölpels entstehen, etwa im „Elisabeth-Holzschnitt" in Nürnberg 1490, der einen Toren mit mausgrauen Eselsohren und Mönchskutte zeigt, den Mund mit einem Schloß verhangen: Tölpel einer neuen Theologie und somit tanzender Kobold in jeder Orthodoxie, die Male der Zerrüttung als Einheitssiegel tragend.

Die wachsenden Zweifel an einer Quantifizierbarkeit der Gottesfigur, die in ihrer Unfaßbarkeit gerade zur Messung reizt, lassen Cusanus zu einem negativen theologischen Diktum kommen und münden in die Wertschätzung eines „wissenden Nichtwissens". Laien, Tölpel, Narren sind säkularisierter Ausdruck dieser Auffassung und gewinnen sozialrevolutionären Charakter mit dem in ihrem Verhalten unverdeckt angesetzten Angriff auf bestehende Ordnungen. Wieder ist hier die Dialektik des Narren als Widersacher festgeschrieben, der durch den ethischen Anspruch seiner Tat Züge des Kulturheros gewinnt. Die Polemik kürt den unwissenden Tölpel und verleiht ihm den Status des Weisen. Die augustinische Seinspyramide wird abgetragen, die Relativierung scholastischer Welterklärung führt zur närrischen Betonung des Einfachen als Selbstbegrenzung, zu einem Lob der Torheit und einem Vertrauen in die unmittelbare Erfahrung: Der Narr zeigt sich wieder als zornige Gegenfigur. Wie ein chthonischer Held holte auch Dionysos die Seelen aus dem Hades.

Neben diesen Phänomenen läßt sich in der gleichen Zeit auch eine Metamorphose von der diabolischen Figur zum Narren feststellen, die eine mögliche Spannbreite clownesken Seins absteckt. Sie spiegelt sich in der französischen Saga in der Schilderung animalischer Wesenszüge von Figuren mit naßgrau zottigem Fell und der Kraft von zehntausend Elefanten. Der Narr scheint aus tierischem Sperma gezeugt, aus dem Ei einer Wölfin geboren. Die schwingende Keule permutiert später wie beim wilden Mann zur Narrenkeule, und im orgiastischen Tanz verwandeln sich gezackte Hörner zu einer flittrigen, weinroten Narrenkappe.

Aus archaischer Vorzeit kommend, wandelt sich die Figur im jeweiligen historischen Rahmen, wobei die grundsätzliche Deutungsbreite beibehalten wird. Das animalische Element, das in einzelnen Fällen auch beim mittelalterlichen Narren zum Ausdruck kommt mit den grüngrauen Eselsohren und dem scharf aufgerichteten Hahnenkamm, korrespondiert mit dem Tierischen der Winnebago. Mittelalterliches Mysterienspiel und Zwischenspiele indianischer Mythenzyklen stehen in zeit- und ortloser Verbindung. Auch Giovanni Tiepolo gebiert den Narren in seinem Werk wie in einem Zauberakt, der Göttern und Heroen vorbehalten ist. Sebastian Brant läßt ihn in seinem „Narrenschiff" travestieren, der Narr steigt in seiner Funktion als Widersacher zum Symbol der Gegenwelt auf, gebärdet sich als „Antichrist" par excellence, wie auch das 103. Kapitel überschrieben ist. Albrecht Dürer legt seinem Text ein Bild zugrunde, das einen Narren unter klarem Sternenhimmel zeigt, der achtern auf einem gekenterten Schiff wie auf einer kreisenden Kugelschale kauert. Er hat mit magischem Vorsatz die Narrenkappe neben sich gelegt und wendet sich der Teufelsfigur zu, die sich zu ihm neigt, um ihm Geheimnisse gleichsam mit einem Hörrohr in die Ohrmuschel zu blasen. In krassem Gegensatz hierzu steht die kleine Szene am Rande des Bildes, die ein Schiffchen im Dunst zu erkennen gibt, das die von labyrinthischen Exkursionen heimkehrenden Erlösten aufgenommen hat und unter deren Gesängen auf das rettende Ufer zusteuert, wo es unter bestirntem Firmament von Petrus empfangen wird.

Eine Affinität zwischen der Teufelsfigur und dem Narren wird auch in H. S. Lautensacks Stich sichtbar, der einen Teufel mit langer herabfallender Narrenkappe zeigt, dem Christus in der ausebbenden Wüste begegnet.

Das Mittelalter bestätigt die Typologie des Clownesken, zeigt den Widersacher mit der Ethik des Kulturheroen, der eine Gegenfigur verkörpert und als Gottesleugner einen Angriff auf bestehende Ordnungsgefüge führt. Michel Foucault bezeichnet den spätmittelalterlichen Narren als Gefangenen seines eigenen Aufbruchs, dessen Existenz „zugleich rigorose Trennung und endgültige Überfahrt" ist. Widersacher und doch Heilbringer, beide Charaktere erscheinen als Facetten eines Archetypus wie bereits in der griechischen Mythologie oder in den indianischen Mythen. Äußere Wesensmerkmale schlagen eine Brücke zwischen den Epochen und Kulturen: Der Narr bleibt unbehaust, bleibt Meister der Leere, die als einzigen Halt in der Haltlosigkeit die Bewegung selbst befiehlt, das Unterwegssein, das Aus-sich-selbst-Heraustreten, auch wenn das Ziel unbekannt ist, und gewinnt jeweils Züge des Göttlichen und des Menschlichen – nicht Teufel oder Gott in purifizierter Gestalt, sondern ein Wesen von originärer Potenz kraft seines osmotischen Durchschreitens der Seinsgrenzen ins Übernatürliche. Zeit wird zum Abbild des Ewigen, Zeit als Substanz, aus der der Clown gemacht ist.

Jürgen Keimer weist im Rückgriff auf D. J. Giffords Aufsatz „Towards a definition of the medieval fool" daraufhin, daß auch die Suche nach dem Ursprung des Narren in der abendländischen Malerei auf die Doppelnatur verweist, daß sich in Bibelhandschriften alte Narrendarstellungen finden, die vor allem zur Illustration des Buchstabens „D" zu Beginn des 53. Psalms verwendet werden: Dicit insipiens in corde suo non est deus (es spricht der Tor in seinem Herzen: es gibt keinen Gott). Im 15. Jahrhundert wurde dieser Vers mit einem Narren samt Szepter und Kappe bebildert. Die analoge Verbindung zu dem Psalmtext zeigt den Narren weniger als harmlosen Possenreißer. Er wird zum Gottesleugner, der sich als gottloser Tor in einer Form gegen eine kosmische Ordnung auflehnt, die für den mittelalterlichen Menschen nur bei dem Gegenspieler Gottes selbst, dem Teufel, vorstellbar war.

Die Kunstgeschichte ist voll der Zeugnisse für die Vision tölpelhafter Christusfiguren. Erasmus von Rotterdam stigmatisiert 1509 sein von Holbein bildlich ergänztes Lob zur Torheit: „Ist nicht Christus selbst, der doch die Weisheit des Vaters ist, auf eine gewisse Art zum Toren geworden, als er eine Menschheit von ihrer Torheit retten wollte und menschliche Gestalt annahm? So ist auch er zur Sünde geworden, um Sünde zu tilgen, er wollte aber nicht anders tilgen als durch die Torheit des Kreuzes, durch einfältige und plumpe Sendboten."

Die christliche Tölpelfigur erscheint in groben Zügen auch im Einblattholzschnitt „Niemand" (1507) von Jörg Schan aus Memmingen. Wieder ist die Figur durch ein Mundschloß am Sprechen gehindert, wird von einigen Domestiken mit Spott überhäuft und durchleidet, der Christusfigur gleich, ein endloses Martyrium. In der Zeit des Umbruchs gewinnt „Niemand“ als Opferfigur in seinem graugrün gezackten Vogelhut höchste Bedeutung. Er lädt Schuld auf sich und leistet, obgleich schuldlos, für die Schuldigen bei Institutionen und Autoritäten Fürbitte. Er wendet die Schuld von den Menschen, bevor sie das Subjekt verdammt. Die Einordnung des „Niemand“ in geistesgeschichtliche Traditionen läßt eine erneute starke Abkehr von einer Überbetonung der Ratio erkennen, wie sie die scholastische Theologie beherrschte. Das Moment der Torheit wird als Weisheit umgedeutet. Realitätsbewußtsein verbindet sich mit Realitätsentfremdung. Ein anonymes Gemälde des frühen 18. Jahrhunderts zeigt „Niemand“ immer noch inmitten sorglos dahinlebenden Hausgesindes und faulenden Unrats, die Metapher der Person Christi evozierend.

Verblüffte Einsicht in die eigene Torheit wurde bereits mit Cusanus als Weisheit begriffen. Narrheit und die positive Festschreibung der Laienhaftigkeit und Unwissenheit – in gewissem Sinne sogar der Idiotie – wird ohne Scheu vor den Stigmata des Ausgestoßenseins als Paradoxon mit subversiver Stoßkraft in die Diskussion geworfen, als Provokation einer Zeit, die als unstet gedeutet wurde. Giordanno Bruno empfand in der Zertrümmerung bestirnter Gewölbe eine Befreiung und begriff die Welt in der Cena delle Cenerie als eine unendliche Wirkung und eine unendliche Ursache zugleich. „Wir können mit Gewißheit behaupten, daß das Universum voll und ganz Mittelpunkt ist oder daß der Mittelpunkt des Universums überall und der Umfang nirgends ist.“

Auch die Polivalenz des „Narrenschiffs“ von Sebastian Brant erlaubt es bei spiegelverkehrter Betrachtung, ein satirisches Moment aus der Figur des Büchernarren zu lesen, der seinen Hohn über gelehrige Pedanterie gießt, der unter Berufung auf Selbsterfahrenes, auf erlebte Empirie, das bloße Bücherwissen verspottet, Verbotenes aus dem Ärmel zaubert und einen Lichtkegel auf die spätere clowneske Betonung eines intuitiven Reflektierens und einer emphatischen Welterfahrung wirft, die nicht in pedantischem Lehr- und Lernwissen erstarrt, sondern das Kryptische sprengt und in närrischer Mühe den Moment des

Unbestimmbaren doch zu bestimmen sucht.

Die Visionen der Narrenschiffe spiegeln die Umbruchstimmung am Beginn des 16. Jahrhunderts wider. Der philosophische Idiot findet sein Pendant im Loblied der Torheit, der genüßlichen Selbstbezichtigung eines Menschen als Laie sowie in der Vorstellung des christlichen Tölpels. Auch Till Eulenspiegels Streiche, die den Scheincharakter institutioneller Obrigkeiten mokant bloßstellen wollten, kamen 1554 auf den kirchlichen Index verbotener Bücher.

Die menschliche Existenz wird in den theologischen und politischen Strömungen der Zeit um 1500 im Bild des schlingernden Schiffes eingefaßt, in der Navigatio vitae. Das „Narrenschiff" Hieronymus Boschs wird zum Modell für Kirche und Staat, Inkarnation eines instabilen weltlichen Ordnungsgefüges – das „Narrenschiff" als Ausdruck der Unberechenbarkeit des Weltenlaufs, verbunden mit der aufbegehrenden Allmacht angesichts der Oktroi einer bürgerlichen Welt.

VI. Der Clown – die entgrenzte Figur

Alles ist unregelmäßig und in ständiger Bewegung, ohne Führung und ohne Ziel

Montaigne

In den indianischen Mythen, in der Hermes-Figur, in den Narrenschiffen und anderen Torheitssymbolen des Mittelalters liegen bereits clowneske Urbilder verborgen, die über das Mittelalter hinaus bis zur Moderne in epochaler Wandlung wiederkehren und dem Clown als einer anthropologischen Konstante seine transkulturelle Gültigkeit verleihen. Er taucht als eine Weltfigur in der Folklore, im Brauchtum, in der Dramatik und im bildnerischen Ausdruck unterschiedlichster Zeitalter auf, besitzt weit über die Grenzen einer Kultur Gültigkeit und hat universellen Charakter. Auf die archetypischen Züge konzentrieren sich diese Überlegungen, auf das Phänomen, daß der Clown – gleich in welcher Weise er auftritt – Lachen in den Menschen hervorzaubert, daß er ihnen eine eigentümlich friedvolle oder quälerische

Befriedigung verschafft, daß er in seinem Auftreten ein Verhalten zelebriert, das an anderer Stelle gesellschaftlich geächtet wäre. Dies gilt für sie alle, den Trickster, den schillernden Hermes, den Hofnarren, den Harlekin der populären Komödie, den Narr der elisabethanischen Bühne, auch wenn er in der Dorftaverne oder auf dem lehmigen Boden des Jahrmarkts auftritt, für Yoshe Kalb oder die Figur des Bontsha Schweig bei Peretz in der jüdischen Kultur, den Clown der Moderne in seinen breitgefächerten Ausgestaltungen bis hin zu den großen Filmkomikern.

Der Clown entzieht sich aller starren Rubrizierung, er windet sich aus jeder Festlegung, indem er immer wieder einen Wesenszug preisgibt, der bisher unbekannt war, der sich nicht einfügt in das gewohnte Bild, der Selbstverständliches unselbstverständlich umstößt, verblüfft, der Traditionen sprengt und die Bruchstücke wieder neu zusammenfügt, der sich nicht einfangen läßt in die Enge einer rein ästhetischen Deutung.

Spricht man vom Clown, so ist auch der Künstler gemeint, die Gesellschaft, in der er lebt, die besondere Form der Rebellion, das Gebeugtsein und Scheitern, aber auch der Zauber, die Fähigkeit zum unmittelbaren Erlebnis, das Charisma der Intuition, die teilnehmende Ergriffenheit durch eine sanfte Vision. Es geht um Schweigen, das klingt wie die emsige Ruhe der Bibliotheken und nicht wie die Totenstille in den gähnenden Grüften, um jene Stimme, die schließlich verstummt, wenn niemand sie vernimmt.

AUS SCHWANK UND COMMEDIA

20 Hanswurst. Kolorierter Kupferstich, 1. Hälfte 18. Jhdt. Deutsches Theatermuseum, München. **21–24** Jacques Callot, Figuren aus *Balli di Sfessania.* Radierungen ca. 1622. Deutsches Theatermuseum, München. **25–28** Flautin, Harlequin, Scaramouche und Crispin. Henri Bonnart. Kupferstiche aus *Comédie Italienne,* Paris um 1695. Deutsches Theatermuseum, München.

20

Cap. Babeo. Cucuba.

Scaramucia. Fricasso.

21/22

Scapino. Cap. Zerbino

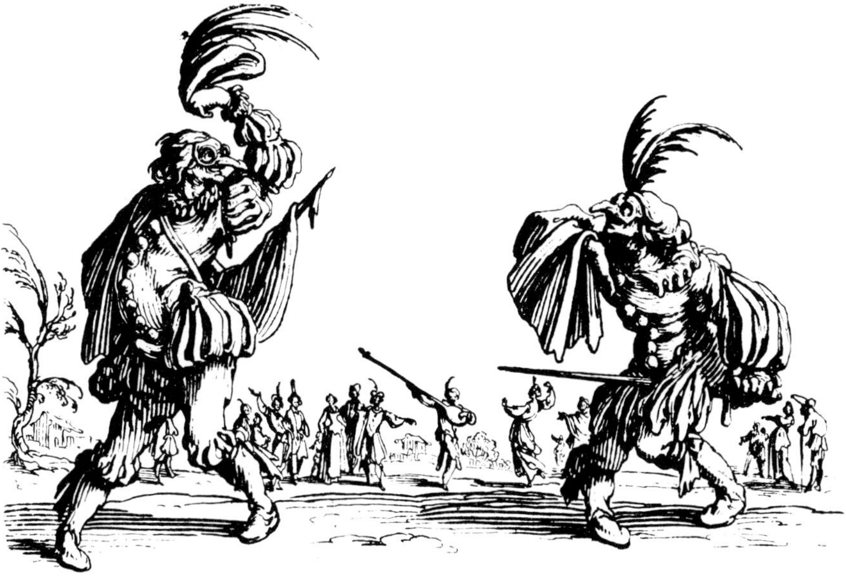

Cap. Mala Gamba. Cap. Bellavita.

23/24

25 – 28

VII. Der Clown als Figur des Welttheaters

But they will teach us that Eternity is the standing of the Present Time, a Nunc-Status (as the Schools call it); which neither they, nor any else understand, no more than they would a Hic-Status for an infinite greatness of Place.

Leviathan, IV, 46

Die Bühne des Theaters kennt den Clown als Kosmopoliten. Er vertreibt sein kinetisches Temperament und seine Sandblumen mit Ameisenfleiß im orientalischen Tanztheater wie in den Tragödien Shakespeares.

Das Sanskrit-Drama Indiens verarbeitet wesentliche Episoden klassischer Hindu-Epen, des „Mahabharata" wie des „Ramayana". Wenngleich die ursprünglichen Epen keine clownesken Figuren in sich bergen, so treten sie doch bei der Inszenierung auf der Bühne in Erscheinung. Dann fuhrwerkt der clowneske Vidusaka – sein Name bedeutet: gegeben zum Mißbrauch –, ein nasales Dong-Dong summend, über die Bretter. In den vielgestaltigen Sanskrit-Dramen erscheint Vidusaka als glatzköpfiger Zwerg mit steil vorstehenden Zähnen und schlaffen Gliedern, der sich in Schwebeträumen verlustiert. Er spricht Prakrit, die tägliche Umgangssprache der Frauen und der niederen Schichten.

Wieder taucht die eigentümliche Dialektik auf, die ein Spezifikum clownesken Wirkens darstellt.

Shakespeares Figuren weisen seit Richard III. auf die besondere Kreuzung von Spötter und Verspottetem, Kobold und „Lord of Disrule" und somit in letzter Konsequenz auf Narr und Teufel hin. Der Blick bleibt auf die Randperspektive gerichtet, auf die Kündigung von Spielregeln. Lakeien, Wortakteure wie der Narr in „Was ihr wollt" sprechen vor und entblättern rhetorisch, was ihre bestallte Herrschaft verschleiert.

Auch Goethes Mephisto begreift sich als diabolischer Widersacher. Eine bezeichnende Funktionsverteilung des Clownesken zeichnet sich ab.

Neben dem behäbigen, schneckenhaft torkelnden, meist gutgelaunten, buffonartigen Vidusaka steht der geschickte, parasitäre Vita, faunisch, ja sphinxartig operierend. Das chinesische und balinesische Drama kennt dieses Spiel clownesker Rollen im kontrapunktischen Wechselschlag ebenso wie das komische Theater abendländischer Kulturen.

Im chinesischen Theater baut sich Wen ch'ou, ausgerüstet mit messerscharfem Witz, gegenüber Wu ch'ou, dem wenig klugen Akrobaten auf, ein sichelmondartiges Lächeln auf den Lippen. In den „Spirit Plays" Burmas, Nibhatkin genannt, erscheinen clowneske Figuren wie im Ritual des Wayang Kulit in Java, das neun Stunden dauert, wo die Mehrzahl der gaffenden Zuschauer mit dem Glockenschlag der zweiten Stunde, der das Ende des Clownauftritts anzeigt, die Mitte des Platzes verläßt und sich in den Regenwald zurückzieht. Auf Bali wippen Penasar und Kartala auf dem knirschenden Kiesel des Spielzirkels, der eine gerissen und mehrsilbige, selbsterfundene Worte gurrend, der andere auf die Stärke der Physis vertrauend.

Das gegenwärtige asiatische Drama bedient sich in der politischen Satire des Clowns als Widersacher, der in eine ähnliche Rolle schlüpft wie indianische oder mittelalterliche Schelmenfiguren, der korrupte Beamte an den Pranger stellt und in den Wayang- und Ketoprak-Spielen über die kometenhaft ansteigenden Reispreise wettert. Clowns der Cai-Luong-Truppe in Vietnam gingen furchtlos ins Gefängnis, nachdem sie gegen hohe Staatsdiener mit akribischem Sticheln zu Felde gezogen waren. In Indonesien kam ein Wayang-Orang-Clown hinter Gitter, weil er Sukarno bezichtigte, Staatsgelder zu veruntreuen, und das Frankreich des Jahres 1981 kannte den Clown Coluche, der sich in anspielungsreichem Selbstlob um die Präsidentschaft bewarb: der Clown als Volkstribun, als stiller Herrscher über das weite Reich der Widersacher und Wunderwirker.

VIII. Zur Typologie des Clownesken

Un homme est toujours la proie de ses vérités
Albert Camus, *Le Mythe de Sisyphe*

Der Clown ist eine historische Figur: Popow, Charlie Rivel, der große Grock, der junge Jango Edwards mit seinem muskulösen Humor, Debureau, Auriol, Delprini, die Fratellinis, die eine Attraktion des Zirkus Medrano in Paris waren, die Bronnetts, Manetti und Rhum, Coco oder Guyon, John Price, der Erfinder der akrobatischen Musical-Clownerie, Charles Stonette, der Shakespearean Jester, Billy Hayden, die Olschanskys, Charles Odlewsky aus Polen, der Trampclown Otto Griebling im Amerika der Moderne, die berühmten russischen Durows, die Elemente der Literatur aufarbeiteten und deren Clownerien auch einen sozialen Bezug aufwiesen, oder die russische Schelmenfigur des Karandasch, zu deutsch „der kleine Bleistift", der neben Akrobatik und Mimik auch die Symbolik der Gegenstände in seine Künste miteinbezog – sie alle haben Ahnen. Auch sie verwandelten die Arena zur Weltbühne. Der Clown steigt über nationale und geographische Grenzen hinweg. Seine Kunst ist eingesenkt in den historischen Prozeß, ist auch das Ergebnis der Kulturwelt, der sie sich einfügt. Seine Kunst muß, um die Inkarnation menschlichen Lebens zu sein, die bestimmte Welt des Jetzt und Hier aufnehmen. Die clowneske Kunst ist kein transzendentales Absolutum, das vom Himmel fällt, sie ist nicht in abstrakter Reinheit vor alle Menschen für alle Zeiten hingestellt, sondern muß im historischen Verlauf erstritten und erworben werden.

Bereits die dorische Epoche Griechenlands kannte clowneske Gestalten, die „deikelistai". Die Stücke eines Aristophanes, wie sie in der dorischen Stadt Megara zur Aufführung gelangten, bieten vergleichbare Parallelen. Ein dorischer Clown war seinerseits als Mimos einem Vorläufer der Pantomimen verwandt und trug als Widersacher, die griechische Mythologie parodierend, zuweilen steife Phalli und verschanzende Masken.

Elemente dorischer Mimen tauchten im 3. Jahrhundert vor Christus wieder in der erwähnten Phlyaken-Komödie im südlichen Italien auf und initiierten ein spezifisch italienisches Spiel, die sogenannte Fabula Atellana, die später als „Attelanenfarce" wesentliche Grundcharaktere des Clownesken in sich trug: Bucco, den bullaugigen Prahler, Pappus, den greisen Narren, Maccus, den Unbeholfenen, rüsselnd wie ein Maulwurf, und Dossenus, den spritzig-witzigen Gegenspieler des Stupidus.

In der römischen Kultur wurde die Straße zur Mitte des kreisenden Zaubers. Die Ludi scenici kannten den komischen Überfluß an der Quelle, sahen den Stupidus als Grundfigur, meterlange Posaunen schmetternd, der an die attischen Mimen erinnerte, die calvi mimici, die sich auch ihr Pendant suchten, wie ein Abbott in Cestello oder Stan Laurel in Oliver Hardy.

Auf Hochzeiten hüpften inmitten dem Schwirren flatternder Tücher im antiken Rom gnomige Narren; sie klatschten sich auf den wanstigen Bauch, schwenkten ihre Hüften und johlten lauthals Obszönes, die Verse der „Fescennines", sprachen etruskisch und wurden verlacht ohne verstanden zu werden. Auch Harpo Marx sprach nie ein Wort, und Chaplin war ursprünglich stumm.

Die populäre römische Komödie kannte bereits Spuren jenes Dualismus, der später in die Zweiteilung von Weißclown und August mündete. Dort balgten sich die zwei Zani, Arlecchino und Brighella.

Arlecchino war flink im Handeln und Denken, nicht über die Maßen tapfer, hatte eine schnelle Mimik und entwich meist ohne Bestrafung. Sein Gegenüber war der linkisch plumpe Brighella. Behäbig, fett und kehlig glucksend stand er meist am falschen Fleck, dort, wo es Drachenzähne regnete, und bezog Prügel.

Auch Shakespeare zeichnete beide Seiten: die Narren König Lears und Prosperos Caliban. Die Mythologie von Joyces „Finnegans wake" kennt die Spielart in vielfältiger Gestalt. In den Permutationen des „Ulysses" treten sich der heimatlose Rationalist Stephen Dedalus, der sein Abseitsstehen kultiviert, und der „l'homme moyen sensuel" Leopold Bloom gegenüber.

Walter Benjamin erkannte die soziale Schichtung im Personal der Clownsnummer. Sie trägt in sich politische Sprengkraft.

Der weiße Clown, der in vielen Zügen einem Renegaten gleicht, bemüht sich, die Sottisen des dummen August, des Häretikers, zu verhindern, der seinen Namen erst im 19. Jahrhundert

– genau 1864 – durch den Berliner Akrobaten Tom Belling erhielt, den das Publikum mit dem Ruf „August, August!“ empfing, als er verdutzt aus der Garderobe gestoßen wurde. Tom Belling, die Strümpfe mit florgarnverstärkten Halterändern befestigt, das Haar schwarz gewachst, mit einer geschwungenen Tolle im Haar, die gegen die Luft abstand, vertrat die Tradition des Stupidus im modernen Zirkus.

Der weiße Clown steht für die Norm der Gesellschaft, der Stupidus für den Protest. Der weiße Clown erscheint als Galan im flitterbesetzten Paillettenkleid und verkörpert bestechende Perfektion. Sein Kostüm glitzert von Samt und Seide, spitze Ärmelaufschläge werden zu einem jackenartigen Oberteil und einer weit über die Knie fallenden Pumphose getragen, die mit silbernen Blumen bestickt ist. Enganliegende, kreidebekritzelt anmutende Seidenstrümpfe umschließen die Beine, die Füße stecken in schnabelartig geformten eleganten Halbschuhen.

Das ovale Gesicht ist mit mehreren Schichten Talkum überzogen, die fleischlosen Lippen und die Ohrläppchen sind leuchtend rot geschminkt. Die pechschwarzen, scharfgebrochenen Linien der nachgezeichneten Augenbrauen geben dem Gesicht einen hochmütigen Ausdruck. In seinen Händen führt er ein Baton, ein biegsames Stöckchen, mit einem malvenfarbenen Pölsterchen am Ende.

Der August ist anders. Er wirkt wie ein wamstiger Zwerg, zwängt sich in einen schlechtsitzenden geborgten Frack, in lohfarbene Handschuhe mit überlangen Fingern, die aus den zu kurz geratenen Ärmeln gucken, in aus der Form geratene, dutzendfach geflickte Hosen, mit großem Karo gemustert und zu eng an den falschen Stellen, sowie in tellerförmig breite, von der Zeit durchlöcherte Schuhe. In den Händen hält er einen verbeulten Hut und einen zerborstenen Schirm, dessen Fransen tanzen.

IX. Commedia: Wiederkehrende Elemente des Clownesken

Narren sind alle, die es scheinen und die Hälfte derer, die es nicht scheinen

Balthasar Gracián, *Handorakel*

Ebenso wie der clowneske Dualismus weisen auch die anderen Zusammenhänge zwischen den komischen Figuren auf historische Wurzeln. Kreuzende Linien verbinden die attelanische Farce, die Stücke eines Aristophanes und die Commedia dell' arte, die eine Komödie professionellen Zuschnitts war, im Gegensatz zur Commedia erudita, in der auch Laien auftreten durften. Pantalone, Arlecchino, Dottore sind in diesem Sinne immer wiederkehrende Gestalten, die eine clowneske Evolution durchlaufen, in der sich der träumerische Pedrolino in der Figur des naiven Gilles oder Pierrot fortsetzt. Er permutiert zum melancholischen Pierrot schon in der comedie italienne, wie ihn Jean Gaspard Debureau als Pantomime im Theàtre des Funambules verkörperte. Die Commedia dell' arte als ein Stegreifspiel der Masken und Kostüme war bereits im Italien des 16. Jahrhunderts eine Institution, eine breitgefächerte literarische Kenntnis der Darsteller ermöglichte vielgestaltete Darbietungen in Inhalt und Form. Der Cana Vaccio war ein handschriftlicher Zettel, der als Maßgabe hinter der Bühne diente, aber Raum für die Lazzi ließ, die spontanen Einfälle der Truppe. Die clowneske Dialektik zwischen Opfer und Täter wird auch hier spürbar: Das Komikerpaar der Zani kannte pfiffige, gewitzte Figuren mit scharf geschnittenen Zügen und tölpelhaft ahnungslose Gestalten mit der Larmoyanz aragonischer Flötenspieler.

Auch die Commedia dell' arte persiflierte Standesdünkel und soziale Hierarchie. Brighellas weißliches Kostüm mit silbriggrünen Streifen und schön geschnitztem Schildpattschmuck spielte auf die Dienerlivrée an. Pantalone karikierte den Kaufmann von Venedig mit prallem roten Dukatenwams, der von gelben Meanderbändern eingefaßt war. Dottore öffnete seine verrunzelten Lippen und goß seinen Hohn über die Bologneser Professoren mit ihrem lexikalischen Unwissen. Arlecchino, dessen jadefarbenes fleckiges Kostüm um die knochigen Stelzen geschlungen war, signalisierte mit behandschuhter Hand gleichzeitig Lebensfreude, Trauer und Naivität, wenn er wie ein Kind Früchte öffnete und Purzelbäume schlagend mit perlengefüllten Körben seine Gefährtin, die Magd Columbina, umwarb.

Erst das Literaturtheater des 18. Jahrhunderts drängte die Truppe, die bis dahin triumphierend durch die europäischen Staaten gezogen war, etwas in den Hintergrund. Einflüsse der Commedia dell' arte breiteten sich wie ein feingewobenes, dichtmaschiges Netz aus, inspirierten die Opéra comique ebenso wie die Dramatik Carlo Goldonis.

Die Commedia dell' arte hat ihre Vorläufer in der römischen Antike, dort haben Pulchinella, Arlecchino und der Capitano ihre ersten Auftritte, freilich unter anderem Namen. Als Funabuli führte die Truppe dort von Dorfplatz zu Dorfplatz eine nomadenhafte Existenz und wurde bis in die christliche Ära gefeiert. Wesentliche wiederkehrende Konfigurationen ihrer Arbeit reichen über das Mittelalter bis in die englische Harlekinade.

Zunächst bot England der Pantomime Harlekin, Pantalone und Columbine eine Heimat, bis sich die Auftritte der Dialogform öffneten.

Joseph Grimaldi, einer der Ahnherren der Clowns, war eine berühmte Figur der englischen Christmas-Pantomime, in der Spuren des Märchens, der Harlekinade, des Zaubertheaters, der Opéra comique zusammentrafen und die in den Londoner Nationaltheatern Covent Garden und Drury Lane vor tosendem Publikum aufgeführt wurden.

Er fabrizierte in seiner quäkergrauen, strammen Kniebundhose mit ausgestreckten Grabscharmen eine komödiantische Körpersprache und war als Wegbereiter der Pantomime so richtungweisend wie Buster Keaton und Charlie Chaplin für den Stummfilm. In seinen Auftritten wurde Low Comedy zur Kunst stilisiert, im Zirkus wie im Pantomimentheater. Mit seinen Trichterärmeln, weit geöffnet, glich er einer erratischen Puppe, wie Harpo Marx, war hilfsbereit und erbärmlich zugleich. Er sprach wenig, wenn er durch die wachsende Dunkelheit hinter dem Scheinwerferkegel purzelte, der ganze Ausdruck lag im Körper. Jedes Glied schien Augen zu haben, er bewegte die Ohren, klapperte mit den vorstehenden Backenknochen, buckelte vielsagend, runzelte die fliehende Stirn und rümpfte gern die Ally-Sloper-Nase.

Elemente dieser Christmas-Pantomime haben sich bis in die Gegenwart, zum Beispiel in das Rahmenprogramm des Zirkus Billy Smart gerettet, in den Auftritt der Elefanten im Weihnachtsprogramm, die dann mit aufgetürmten Geweih als Kopfschmuck schlittenziehend durch die Manege torkeln.

Zu Beginn der Pantomime stand ein „fairy tale", in dem sich Gesang, zeitkritischer Dialog und Tanz mischten; den Höhepunkt markierte eine wundersame Wandlung, in der ein Clown mit einem Zauberstab Kupferkelche schleppte, Schalen mit Silber füllte und Gold für die Armen herunterprasseln ließ.

Wie in der Commedia dell' arte stellen moderne Zirkusclowns noch immer listig blinzelnd die Barbierszene dar. Oder die Figur des Pierrot: er wurde von seinem Herrn in menschlicher Niedertracht häufig geschlagen, was seinen Appetit auch nicht geringfügig schmälern konnte. Clowns essen gern und gewaltige Mengen. Unter Schluchzen verschlang Pierrot die Makkaroni. In der Not verspeiste auch Charlie Chaplin grandseigneuresk Schnürsenkel statt Spaghetti. Bestimmte Formen und Nummern der Komik wurden über Jahrhunderte tradiert.

GROTESKE/MASKEN/ABSURDES THEATER

29 Alfred Jarry, Marionette für *Ubu Roi.* 18 **30** Alfred Jarry, Das wirkliche Portrait des Herrn Ubu. 18 **31** Alfred Jarry, Titelblattzeichnung zum Lied der Enthirnung, 1898. **32** Pablo Picasso, Le Père Ubu. Veröffentlicht anläßlich der Uraufführung von *Ubu in Ketten,* Paris 1937. **33** Teufelsmaske einer Perchte. Aus: Harlekin – Bilderbuch der Spaßmacher. Willy Jäggi und Siegfried Melchinger, Basel 1959. **34** Hadúigona, der große Bucklige. Maske des Großen Doktors der Irokesen. Museum of the American Indian. **35** Harlekinmaske des 18. Jhdts. Musée de l'Opéra, Paris. **36** Italienische Maske des Pantalone. Musée de l'Opéra, Paris. **37** Man Ray, Primitive Maske, 1953. Sammlung Vera und Arturo Schwarz, Mailand. **38** Paul Klee, Komiker (Invention 4). Radierung 1904. Kunstmuseum Bern. **39** Heinz Rühmann in *Warten auf Godot* von Samuel Beckett. Aus: Harlekin – Bilderbuch der Spaßmacher **40** Szene aus *Endspiel* von Samuel Beckett. Aus: Harlekin, Bilderbuch der Spaßmacher.

29

30

AJ

RÉPERTOIRE des PANTINS
LA CHANSON DU DECERVELAGE
paroles de Alfred JARRY
musique de Claude TERRASSE
créé par M. Jacotot
Edition du MERCURE DE FRANCE, 15, rue de l'Echaudé St Germain. Paris
1898

31

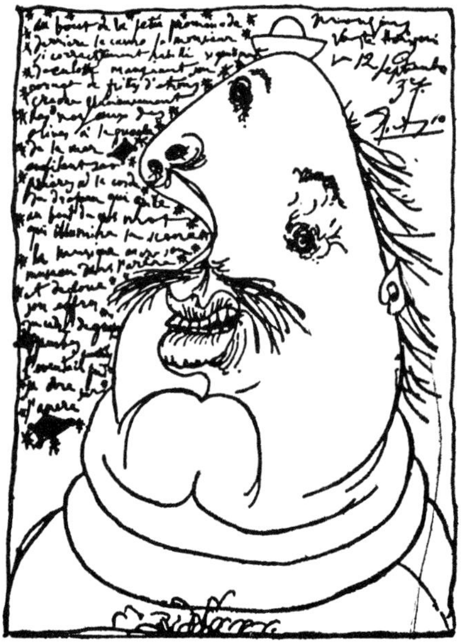

32

33

34

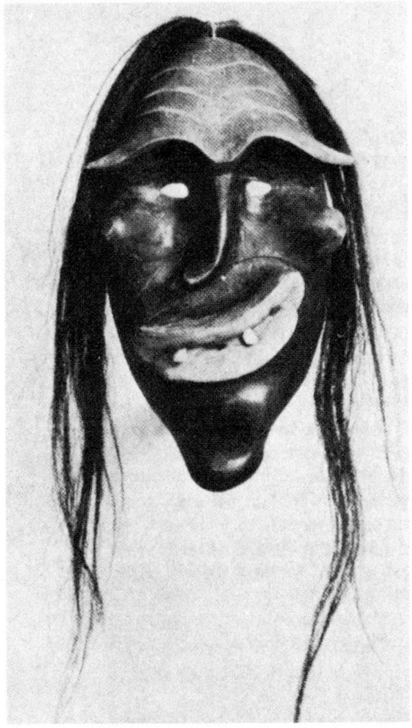

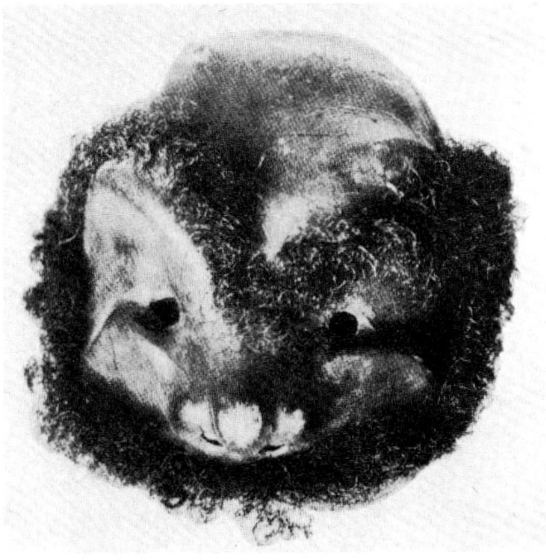

35

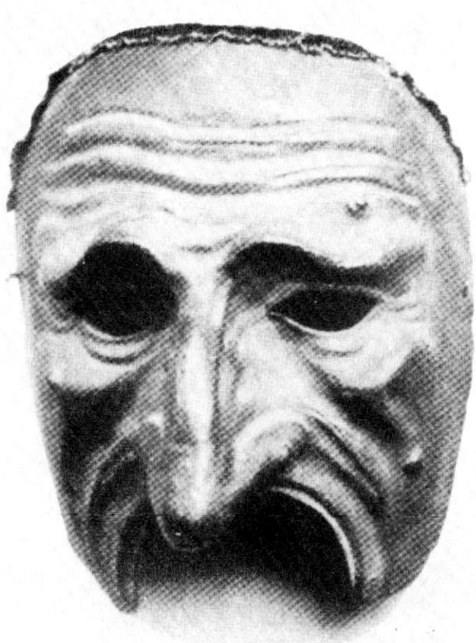

36

37

38

39

40

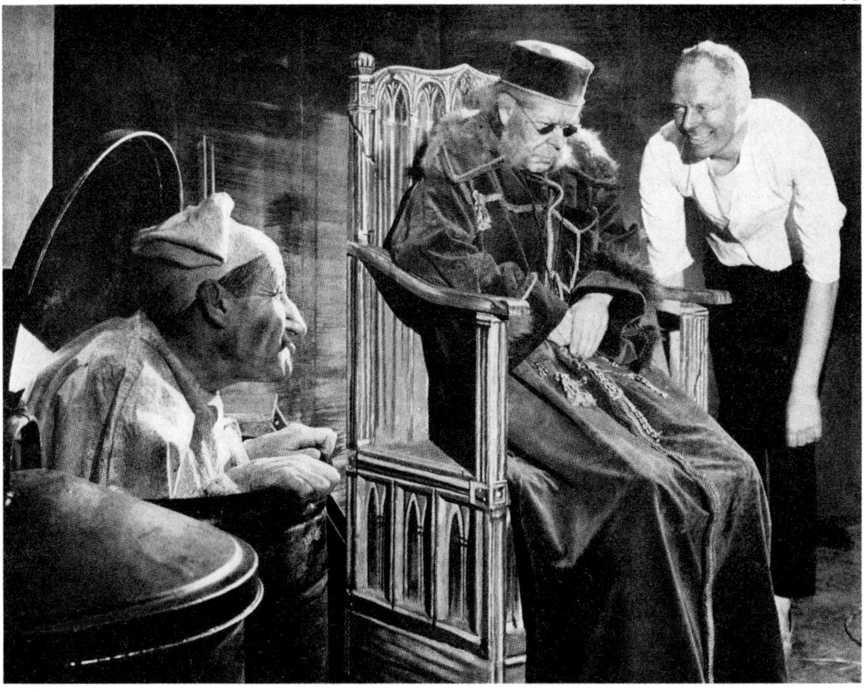

Die Figuren der Commedia dell' arte wurden in ihrem Grundton wiederholt kreativ erneuert. Alfred Jarrys Gestalt des Ubu Roi gleicht etwa dem großsprecherischen, feigen und wehleidigen Capitano der Commedia, dessen Eigenschaften ihrerseits Elemente des clownesken Rollenspiels sind. Alfred Jarry bildete den „acte gratuit", den André Gide in „Le prométhée mal enchâiné" als eine völlig unmotivierte, grandios angelegte Fopperei bezeichnete, deren abgründiger Witz die Menschen aus dem Halbschlaf der Gewohnheit wachrütteln soll, von einem nur geträumten Schabernack zu einer wüsten Lebensmaske hin.

Picasso, der Jarry gut kannte, hat dessen verkniffenes, verlebtes und gepudertes Kindergesicht – „eine Art befremdlicher Tropf mit weißgepudertem Gesicht, pechschwarzen Augen und flachgebürsteten Haaren, und eine Haube aus Moleskin", wie Gide sagte – in einer schnellen Porträtskizze festgehalten.

Die Verwandtschaft eines Arlecchino oder Pierrot mit den heutigen Clowns ist bereits an den Kostümen zu erkennen. Die weißgeschminkte Maske des Weißclowns geht zurück auf den Pierrot der zweiten Hälfte des 16. Jahrhunderts, der damals als einzige clowneske Figur weiß geschminkt war und keine Maske trug. Die eigentliche Kopfbedeckung des weißen Clowns, die bis in den heutigen Tag sein signifikantes Merkmal ist, erinnert an Pulchinella. Das bunte, teils zu weite, teils zu enge Lumpengewand des August erinnert an das aus Flicken zusammengesetzte trikotähnliche Kostüm des Arlecchino des 16. Jahrhunderts.

Goldinis „Diener zweier Herren" in der Inszenierung des Piccolo Theatro di Milano von Giorgio Strehler transponiert die freßlustigen Begierden Arlecchinos in das 20. Jahrhundert.

In der Bip-Figur Marcel Marceaus ringt Pierrot ebenso um seine poetische Realität am Saum des Erdballs wie im Pantomimentheater Ladislav Fialkas in Prag oder in der Pantomime des Clowns Dimitri aus Ascona.

Die berühmten Fratellini-Brüder darf man wohl als die Erben der Clowns des elisabethanischen Theaters und der Commedia dell' arte bezeichnen. Sie verliehen dem Cirque Medrano im Paris der zwanziger Jahre die Aura des Treffpunkts für Intellektuelle. Die Gentillesse, die „Italianitá" der Fratellinis, wurde ebensooft kopiert, wie sie nie erreicht wurde. Selbst die Comédie Française sprach ehrerbietig eine Einladung aus, und die Avantgarde des Theaters deutete die Fratellinis als Beweis der unbegrenzten Möglichkeiten des Theaters. Jean Cocteau war von ihrem Reiz, der sich binnen eines Wimpernschlags ins Nichts zu verflüchtigen schien, um sich sofort neu zu entfalten, verzaubert und verwandte sie in seiner bizarren Farce „Le Boeuf sur le Toit“ als die geeigneten mechanischen Puppen. Auch Woody Allens „Sleeper“ nimmt das Motiv des roboterhaften Clowns, des „l'homme machine“, auf.

Die Fratellinis begannen stets mit dem nie endenden Anfang eines Lächelns. Da war Francois, der Weißclown, der früher Akrobat war, meist elegant emaillenfarbene Pfauenfedern fächelnd; Paul, wie ein Lurch auf der vergeblichen Suche nach der Hibiskusblüte durch die Arena vorwärtsstolpernd. Er vertrat den kleinen Mann, meist vom Leben betrogen und doch immer wieder an die Überlegenheit glaubend. Und schließlich Albert, der Stupidus der Truppe, tief in viele angegraute Mäntel eingewurstet. Er trug eine lange rote Nase, oft blutig gerissen, bestaunte verzückt die magische Wirkung der Gegenstände. Um Augen und Mund war er weiß geschminkt. Charlie Rivel gestaltete später Habitus und Mimik nach Alberts Vorbild.

Auch die Entrées der Fratellinis überschreiten Zeitlinien, die sich bis zur Commedia dell' arte oder zu Flaninio Scala ins frühe 17. Jahrhundert zurückführen lassen.

Auf den Stühlen im kreisrunden Ring hockend, warten beide Brüder, klangvoll musizierend. Plötzlich plitschplatscht Albert um die Ecke unter einer Wasserfontäne, die um so heftiger aus der Tuba sprudelt, je stärker der Trompetensturm losbläst.

In einer anderen Nummer verweigert sich der Clown schnaubend und mit vikarischer Befriedigung den Anweisungen des Ringmeisters. Er fegt durch die Kuppel, weiß nicht, wo sein Platz ist, und setzt sich schließlich, die Beine weit gespreizt und lautstark deklamierend, alle Sitze seien für die Öffentlichkeit, ins Publikum. Den Einwurf des Ringmeisters, er sei nur ein Clown und nicht Teil der Öffentlichkeit, verwirft er mit dem Hinweis, der Raum sei nicht bedingend, und zeigt auf die Frauen im Publikum mit ihren krokuslila schillernden Kostümen, ihren blutrot geschminkten Lippen, den schwarzgefärbten Haaren, dem aufgetragenen Rouge. Er deutet sie als wahrhaft clownesk anmutende Figuren, die traumbetäubt die Veilchenrosette an ihrem Stirnband festklammern und dem Grau der Dinge in eine andere Welt entfliehen wollen, die in Raum und Zeit nur flüchtig verborgen ist. Der Ringmeister zeigt Einsicht. Der Clown bleibt. Er ist eine normale Person.

X. Spielarten: der Hofnarr und seine Permutationen

Ils sont passés ces jours de fête
Aus Anseaums Oper *Le tableau parlant*

Auch der Hofnarr war als feste Institution an jedem Königshof eine Weltfigur. Der drapierte, oft schnabelgesichtige Fou du Roi war eine unverzichtbare Gestalt. Cortez stieß bei den Azteken um 1520 auf Narren mit schwarzen, ausgebrannt wirkenden Augenhöhlen, die eine ähnliche Funktion hatten wie die gnomigen Zwerge am Hofe Montezumas II., von denen er einige Papst Clemens VII., seinem Auftraggeber, nach Europa schickte. Chinesische Herrscher kannten den Hofnarren ebenso wie afrikanische Potentaten. Früh bekannt war der Pygmäe, der im kühlen Schatten des Torwegs zwischen schallenden Fluren im Palast des Pharao Dadkeri Assi im Ägypten der 5. Dynastie Grimassen schnitt. Der islamische Hof von Haroun ar Rashid kannte die Höflichkeit des Narren Bulhul. Nasr ed Din, Narr des Tamburlaine, des mächtigen Herrschers der Mongolen im 15. Jahrhundert, genoß den Ruf, als spirituelles Medium Unendlichkeitserfahrung zu vermitteln.

Der abendländische Hofnarr war zuweilen gekleidet wie ein Höfling. Er trug aber auch grelle Tücher, hängende Faltkappen mit hell klingenden, baumelnden Glöckchen, steife, mausgraue Eselsohren und schleifte eine aufgeblähte Tierblase hinter sich her, die am Ende eines Stockes festgezurrt war. Auch Voltaires Stellung bei Friedrich dem Großen glich nicht wenig der eines

Hofnarren, doch versuchte er, seine Einkünfte nicht nur vom Hof zu beziehen, um sich nicht ganz vom König abhängig zu machen.

Kaspar Larifari und Hanswurst trugen in gewissem Sinne auch Züge des Hofnarren und torpedierten im Schlepptau des aufstrebenden Bürgertums in Österreich feudalistische Absolutheitsansprüche.

Das Verhältnis des Hofnarren zu seinem Fürsten trägt besondere Züge und ist gekennzeichnet durch eine wechselseitige Bedürftigkeit. Der Hofnarr Johann Dominicus Caijesius am Hofe Ferdinands I. genoß besondere Freiheiten. Er hatte in Pisa zum Doktor der Rechte promoviert. Brusquet mit seiner Nerzkappe, einer der berühmtesten Hofnarren Frankreichs, erwarb sogar in gewissem Sinne Erbrecht, er diente Heinrich II., Franz II. und auch Carl IX.

Der Hofnarr besaß reflektive, kommentierende Züge, er war als Institution verankert in der höfischen Gesellschaft, stand gewissermaßen zu Diensten, war aber gleichzeitig Vertrauensperson, die selbstredend den Herrn zum Schweigen brachte.

Der Einfallsreichtum brachte eine luxuriöse Fülle an Darbietungen hervor.

Der eine Hofnarr lag vor einem goldumrahmten Spiegel, hielt die Augen geschlossen, um nicht sehen zu müssen, wie er schlief. Ein anderer Narr lichtete auf der Bühne den bleiernen Anker des hölzernen Schiffs, während es sank.

Das besondere Merkmal des Hofnarren bleibt freilich seine Sonderstellung im Ver-rückt-Sein, die ihn zuweilen den Charakter eines politischen Jester gewinnen läßt, der einen anarchischen Raum zu behaupten sucht.

Dieser Hofnarr war berüchtigt, er hatte eine Zunge, scharf wie Feuersteinsplitter. Eduard IV. hielt sich den Narren Scogan, der berühmt war für seinen ätzenden, satirischen Witz, der jedem anderen Mitglied des Hofes den Kopf gekostet hätte. Oder der italienische Hofnarr Bertholde, der von seinem König in einem Akt der Willkür ins Exil geschickt wurde und der seinen Stand trotzig mit Fliegen verglich, die in um so größeren Schwärmen zurückkehrten, je nachhaltiger sie vertrieben wurden. Der König stellte eine Rückkunft in Aussicht, falls es ihm gelänge, dieses Spektakel aufzuführen. Bertholde fackelte nicht lange, verkehrte die traurige Meile des Exils in eine Triumphstraße, indem er auf einer strohblonden Märe einritt, deren wundes, blutrot zerschundenes Fell Schwärme von Fliegen anzog.

Wie der indianische Widersacher in burlesker Verzerrung der Rituale die Stammesautorität verspottet, so betreibt der Hofnarr eine hintergründige Inversion des Staates, wenn er sich auf den königlichen Thron fläzt und, in der versteiften, rubinroten Sitzmitte des Plüschs versunken, den König verhöhnt, weil der die clowneske Verdrehung zuletzt bemerkt.

Als der Hofnarr Morot, während der Regen heftig niederging, dicht an der Seite seines Königs unter dem Schirm spazierte, und Seine Majestät geringschätzig zu verstehen gab, sie ertrüge keine Narren an ihrer Seite, entgegnete Morot flink: „Ich schon, sehr gut!“

In einer Zeit, die Aristokratie und Klerus in eine zentrierende Kraft vereint sah, versuchte sich der Hofnarr mit seiner Kritik in den Ritzen zwischen den Machtquadern einzunisten. Die Narrenfreiheit war freilich begrenzt durch die gegebene Ordnung. Als Ausnahme gestattete Ludwig XIV. später einem La Bruyere, den Hof anzugreifen, soweit die Person des Monarchen nicht lästernd kompromittiert wurde. Das hierarchisch geordnete Leben der Aristokratie, der man im offiziösen Leben mit Ehrfurcht und Pietät begegnete, sollte von Narren mit zotigen Reden, karnevalistischen Einlagen und gotteslästerlichem Getöse profaniert werden. Ziel war, eine Art Zeitlichtung in die Existenz zu schlagen, aus dem Glanz des öffentlichen Lebens zu treten, der Totalität des Planens und eines auf Planung zielenden Denkens und Handelns zu entrinnen.

Dies Bemühen weist auf das Phänomen der Melancholie. Eine in gesellschaftliche Strukturen fugenlos eingepaßte Lebensform kann keine Trauer kennen, weil sie entsprechend ihrem Selbstverständnis qua theoria Glück schafft. Bereits Tommaso Campanellas Sonnenstaat kannte das Melancholieverbot. Utopie kann zur Aufhebung des sozialen Zufalls avancieren, der gefeierte Raum im Sinne Ernst Blochs zum Vermessungsobjekt erstarren. Brentano spricht vom Hofnachdenker, der dem sinnierenden Herrscher – schlau wie die Bibliothekare von Alexandria – abnimmt, was er nicht zu ertragen glaubt.

Mit dem Machtverlust der Aristokratie gegen Ende des 18. Jahrhunderts und dem unaufhaltsam aufstrebenden Bürgertum zur staatstragenden Schicht verliert der Hofnarr seine ursprüngliche Bedeutung.

Da die Melancholie am Hofe jetzt nicht nur dem Herrscher vergönnt war, entfiel die Notwendigkeit einer Institution, die Melancholie auf fest umgrenzten Raum zu vertreiben suchte. Das Melancholieprivileg wurde im historischen Wandel gebrochen.

In Wolf Lepenies' Buch über „Melancholie und Gesellschaft" avanciert der Hofnarr zum Entlastungsfunktionär, dessen Aufgabe darin besteht, die Melancholie des Herrschers im Heilszustand des Hofes zu vertreiben und ihn eben darin zu bestätigen, daß am Hofe nur er das Melancholieprivileg besitzt. Gleichzeitig wirkt der Narr als Substitut: er nimmt auf sich, was den Herrscher allein melancholisch machen könnte ... „Der Narr wird aber nicht zuletzt arbeitslos durch das Aufkommen der bürgerlichen Melancholie. Wenn nicht mehr der Herrscher allein melancholisch sein darf, entfällt die Notwendigkeit einer Institution, die die gemeine Melancholie vertreibt und gleichzeitig das melancholische Privileg dokumentiert."

Die Abgrenzung gegenüber dem Schelm der Indianerkulturen wird evident. Der Hofnarr riskierte viel, wenn er auf seiner individuellen Penetranz beharrte. Eine zu starke Bindung an den König hätte ihn aber über Nacht zum Sykophanten gestempelt, ihn zum Werkzeug höfischer Politik degradiert. Die eingepuppte Existenz in einem gesellschaftlichen Vakuum bot keinen sicheren Halt. Samuel Johnson sagt: „Who live to please must please to live."

Baudelaire beschreibt als Chronist die Epoche nach der Julirevolution als die Zeit großer Traurigkeit für weite Bevölkerungskreise. In Einklang mit dem Machtverfall der Aristokratie ging auch die bisher dem Hof vorbehaltene Attitüde des „Ennui", der Langeweile, vielleicht gar der Resignation, auf das Bürgertum über. Adorno spricht von der blinzelnd resignierten Anpassung.

Der voranschreitende Funktionsverlust des Hofnarren zeigt sich im Wechsel von der höfischen Melancholie und vom aristokratischen Ennui zum Lebensgefühl des an die Macht gelangten Bürgertums. Dessen Affekthaushalt war so heterogen wie die verschiedenen sozialen Schichten, die zur Bürgerklasse zählten. Eine genuin neue Ausprägung der Langeweile in Gestalt organisierter Freiheit entstand als Kehrseite der Monotonie einer mechanisierten Arbeitswelt.

Der Dandy à la Brummell mit smaragdgrünem Seidenhalstuch und Shillelagh-Knüttel folgte dem Hofnarren auf dem Fuße, war gleichsam Aristokrat ohne Geburtsrechte, der sich in adeligen Attitüden sonnte. Er trieb allerlei Hemmungslosigkeiten, schlug seine Kapriolen, erlebte Ungeheuerliches und wußte um die Bedürfnisse einer in strengen Konventionen beengten Gesellschaft. Der Dandy kürte sich zum Hofnarren ohne Auftrag und Publikum und genügte sich selbst.

Ähnlich wie der Flaneur lag er mit lasterhafter Miene und einem Mund, der Frechheiten fabrizierte, in ostentativer Gelassenheit in Fehde mit der aufkommenden Mechanik der Produktion einer Industriegesellschaft. Sein staunenerregender Kampf gegen die Maschinen, den er mit achselzuckender Gleichgültigkeit führte, und wie ihn später Chaplin in „Modern Times" persiflierte, erinnert ein wenig an Don Quijotes Anreiten gegen die Windmühlenhügel, „el caballero de la trista figura", den Ritter von der traurigen Gestalt. Dem Flaneur wird die Schattenpracht des Boulevard zum Weltspiegel, vor dem er lebt oder auch stirbt. Er verfügt als tragendes Element seiner Existenz über den Freiheit spürenden Sinn des Narren in einer reglementierten Welt.

Die Kunst zeigt Parallelen: der Dadaist ist als moderner Narr der Dandy, der als Wahnsinniger mit dem Wahnsinn der Gesellschaft spielt.

Der Dandy ist durch einen Charakterzug geprägt, der ihn vom Flaneur abhebt: er fordert für sich, seine Bizzarerien und Bluffs, für seine Trucs ein ganz besonderes Etikett und erhebt den Einsamkeitsanspruch des Genies. In Analogie zum Hofnarren hatte der Dandy die Aufgabe, jetzt die Melancholie einer breiter geschichteten Bürgerklasse zu überwinden. Er war gezwungen, durch seine Außenseiterstellung die Stabilität einer Gesellschaft zu sichern, der er sich in edel gespielter Entrüstung widersetzte. Im Sinne der blinzelnd resignierten Anpassung entwirft er sich selbst als Gegenbild zu einer Gesellschaft, die ihn mit verwunderter Gleichgültigkeit anstarrt oder ihm mit bösartigen, ätzenden Attacken zu Leibe rückt.

Die Figur des Camp, die im 20. Jahrhundert von der Kulturkritik – etwa bei Susan Sontag – diskutiert wird, hat hier lediglich peripheren Charakter und ist der Spezies des Dandy zuzuordnen, freilich ohne Eliteanspruch. Anisgetränkte Früchte schlürfend, kürt er Langeweile zum Stilprinzip, das nur formalisierte Ästhetik feiert und durch eine Beliebigkeit der Inhalte gekennzeichnet ist, die keinen politischen Bezug aufweisen und metaphysische Knallerbsen platzen lassen. Clowneskes findet sich kaum.

Mit der Auflösung der melancholischen Zentren gewinnt der Narr einen noch breiteren Wirkungs- und Lebenskreis. Er, der die Melancholie bannen sollte, ahnt nicht kommende Gitterzäune, bricht aus der Geschlossenheit des Hofes aus und klettert über die Burgzinnen. Die göttliche Ordnung des Kosmos schien bedroht und die weltliche im Wandel: Im Sinne der Moderne übernimmt der Clown als trauriger Spaßmacher, als kritischer Geist neben den bisherigen auch die Rolle des Hofnarren.

Es ist zu zeigen, inwieweit dieser kritische Geist die Tradition des Widersachers, wie sie bereits in den Indianermythen, in der Antike oder den mittelalterlichen Phänomenen auftaucht, neu beleben kann und welche Funktion ihm in der Moderne zukommt.

Der Tod und die clowneske Gestalt

41 Des Todes nicht gewärtigen. Holzschnitt zu Sebastian Brant, Das Narrenschiff. Basel 1494. **42** Alfred Kubin, Tod als Pierrot. Federlithographie, 1922. Sammlung **43** Kasperle besiegt den Tod. Münchner Bilderbogen, 19. Jhdt. Münchner Stadtmuseum. **44** Somow, Harlekin und Tod, 1907. Aus: Janet Kennedy, The MIR Iskusstva Group and Russian Art 1898–1912, New York und London o. J. **45** Aubrey Beardsley, Der Tod des Pierrot, 1896. Aus: Beardsley, Zeichnungen. Berlin 1964. **46** James Ensor, Masken begegnen dem Tod, 1888. Museum of Modern Art, New York. **47** James Ensor, Die Masken und der Tod, 1897. Musée des Beaux Arts, Lüttich.

41

42

43

44

45

46/47

XI. Der Wechsel zur Moderne

The time is out of joint
Shakespeare, *Hamlet*

Die Verwobenheit clownesker Erscheinungsbilder in ihrer historischen Nuancierung wirft die Frage auf, in welcher Gestalt die Wesenszüge wiederkehren oder verschwinden, welche Rollen der Clown als Widersacher zu unterschiedlichen Zeiten zu spielen vermag.

Als eine transkulturelle Figur läßt sich der Clown trotz seiner ambivalenten Rollen im historischen Rückblick in groben Umrissen herausschälen. Im Ursprung ritt der Clown Attacken gegen die kosmische Ordnung einer Kultur, die es in dieser erratischen Blockform in den abendländischen Staaten der Moderne nicht mehr gibt. In seinen diabolischen Zügen bestätigte der Clown eine klar umrissene göttliche oder mythologische Ordnung. Dieses Merkmal läßt sich in den Indianerkulturen, in den polytheistischen asiatischen Varianten, in der griechischen und römischen Antike sowie im Mittelalter in den sociétés joyeuses und den Narrenfesten nachweisen. Dem Zuschauer blieben nur bedingte Möglichkeiten zu einer Indikation. Der komische Effekt beruht im Gegenteil wesentlich auf der Distanz zwischen Clown und Publikum. Den Wandlungen der Clownsfigur in der aufbrechenden Moderne geht eine Metamorphose der kosmischen und sozialen Ordnung voraus. Der Widersacher modifiziert Wesen und Gestalt mit den Säkularisierungstendenzen in der abendländischen Kultur. Das Pathos der Ordnungsstiftung verlagerte sich aus dem religiös-mythischen Feld verstärkt in einen gleichsam ziviltheologischen Bereich. Der Gott des Deismus im 18. Jahrhundert verliert als prima causa und als Abstrakt nun im politisch-gesellschaftlichen Begriffssystem an Bedeutung. Hegel sah schon in „Glaube und Wissen“ zu Beginn des 19. Jahrhunderts das Bewußtsein seiner Zeit durch die Erkenntnis geprägt, daß Gott tot sei. Er wollte weniger einen positiven Atheismus verkünden, als die Religion einem Paradoxon gleich gegenüber der verhärteten, alle Bereiche beherrschenden Rationalität seiner Zeit skizzieren.

Dem satanischen Clown widerfährt entsprechend seiner Rolle als Gegenspieler eine Domestizierung. Bereits der Narr König Lears zeigt ein verändertes diabolisches Gesicht und entpuppt sich als vernunftbegabter Barbier Figaro, der seine monströse Schale längst von sich geworfen hat. Das Monster Caliban permutiert zu Papageno.

Die Diabolisierung des Narren kennt graduelle Nuancen, im Theater wie in der bildenden Kunst. Bei Goldoni wandelt sich der diabolische Widersacher zum wortkargen Diener, der Rondos zu verfertigen scheint, den Figuren Nestroys verwandt, die durch tölpelhafte Untauglichkeit Herrschaft unterlaufen.

Im Vergleich zu dem archetypischen Widersacher, wie er in Kulturen mit festumrissenen, klar definierten göttlichen oder mythologischen Ordnungen, an denen er sich reiben konnte, vorkommt, erscheinen diese Figuren gezähmt, ihr Stachel scheint gebrochen – sie werden liebenswert.

Diese Domestizierung der Clownsfigur zeigt sich exemplarisch bei Watteau. Die „fêtes galantes" verringern den Unterschied zwischen dem Schauspieler auf der Bühne und dem Publikum, die Maskerade wird gesellschaftsfähig. Seine Harlekine ähneln in ihren aufgelegten Masken den geschminkten, maskenartigen Gesichtern der lärmenden Menschen einer sich elegant gebärdenden Gesellschaft, die weingesättigt um saucenbesudelte Marmortische hockt. Der Clown als der diabolische Widersacher verliert in allen Zeiten und Kulturen, die eindeutige Vorstellungen von Strukturen kosmischer Ordnungen eingebüßt haben, an Gewicht. Die Stellung des Clowns in der Standpunktlosigkeit der Moderne begann sich in Schattenrissen abzuzeichnen. Giordano Brunos Aphorismus „In tristitia hilaritate hilaris tristis" findet in Watteaus Bild eine kongeniale Verkörperung. Nur unvollkommen übersetzbar lautet er: in der Grundbefindlichkeit der Traurigkeit drückt der Clown durch seine Clownerie aus, wie traurig sie tatsächlich ist.

XII. Clowneske Figuren in Literatur und Kunst

O God, I could be bounded in a nutshell and count myself a king of infinite space.

Shakespeare, *Hamlet*, II,2

Widersacher und Glücksbringer, Rebell und Kulturheros – der Clown der Moderne will in seiner Widersprüchlichkeit, in seiner schillernden Ambivalenz begründet sein, die ihn durch alle Epochen und Kulturen bis in die Gegenwart begleitet hat.

Worin liegt der Genius des Clowns verborgen? In seiner Fähigkeit, Situationen zu erfinden, die den Mechanismus alltäglicher Mühsal bis in die versteckteste Klammerschraube menschlicher Unfreiheit belichten? In seinen spielerischen Arabesken, die eine soziologische Raum- und Zeitstruktur umschreiben? Ist er ein hemmungsloser Individualist? Der große Weltenschieber? Ist bei ihm alles erlaubt, soweit und wie es nur jedem gefiele? Wird das Chaos der Kräfte und Zustände als der Normalzustand hergestellt, oder will er die Menschheit, die mit ihren Ideen nicht anders fertig wurde, als daß diese in der Hand einzelner mit ihr fertig wurden, aufrufen, endlich mit sich selbst fertig zu werden?

Sein dauerhafter Vorstoß, der zu der Einfachheit des Ursprungs zurückführen soll, erzeugt ein tosendes Krachen in den Fugen jeder sozialen Gemeinschaft: er will nicht am Rande der eigenen Existenz rotieren als Ruheloser, getrieben durch die Leidenschaften des Innen und des Außen, als Gast seines eigenen Lebens, er will kein homerisches Gelächter, sondern seraphisches Lächeln, keine geschäftige Untätigkeit des Besitzes, er verschließt sich dem Gejohle der Menschen, das trägwellig über den Platz in seinen Zirkuswagen flutet. Der Gewinn liegt im Verzicht, und der Clown schafft das Symbol dafür.

Seine Aufgabe ist gesetzt: das Sinnbild in die Wirklichkeit zu verwandeln, das Licht der eigenen Sonne zu suchen, Tragik mit Spuren des Glücks zu mischen, um das Telos zu ringen, das er in sich trägt.

Dies gilt für die Figuren Rouaults, der das Bild des tragischen Clowns schuf, den „clown tragique", mit dem der Pierrot ikonenhafte Züge gewinnt, es gilt für Picassos Harlekine, Pierrots und

Clowns, die auch in kubistischer Verfremdung entstanden, in einer Vielfalt an Masken und Kostümen, für die Engel Chagalls, für die Artisten Légers, für die surrealen Harlekine Mirós, für die chthonischen Geisterwesen Klees, für den „Narr in der Tiefe" und „Pierrot prisonnier", für die ganze Variété-Ménagerie Toulouse Lautrecs und für Bustellis Porzellanfiguren.

Arnold Schönberg komponierte seinen esoterischen „Pierrot Lunaire" nach den Gedichten Girauds; Igor Strawinsky ließ Petruschka, den russischen Clown, im Zentrum seines gleichnamigen Balletts wirbeln, Hofmannsthal und Strauss führen in der „Ariadne auf Naxos" neben Zerbinetta, einer der Nachfahren Colombinas, Harlekin, Truffaldin, Scaramuccio und Brighella ein.

Henry Miller erscheinen Clowns im „Lächeln am Fuße der Leiter" wie gesegnete Seelen, von einer unbestimmten Gunst durchsonnt, im Bild, im Wort, in der Tat. Das Reich, das auch von dieser Welt ist, das wir hastend suchen, mutlos, es in Besitz zu nehmen – die Clowns scheinen es gefunden zu haben. Das Lachen, das dem Publikum entgegenschallt, gerinnt nie zu Gelächter. Vor dem Spott, den er ertragen muß, bleibt dem Clown die Unschuld des immer wieder Neugeborenen.

Erhebendes Lachen und abgründige Traurigkeit zeichnen den Clown auch als andere clowneske Figuren der Literatur aus.

James Joyce nannte sich selbst nichts anderes als einen irländischen Clown, „a great joker on the universe". Thomas Mann spricht von Mönchen des Unsinns, Baudelaire vergleicht den Clown mit dem alternden Schriftsteller – verkannt, schweigsam, vergessen. Heinrich Böll äußert ebenso „Ansichten eines

48 Max Beckmann, Selbstbildnis (Pierrot und Maske), 1920. In: Werkkatalog Nr. 152, hrsg. v. Kurt Glaser. **49** Georges Rouault, Pierrot im Profil, um 1925. Schweizer Privatbesitz. **50** Pablo Picasso, Gaukler mit aufgestütztem Ellbogen, 1902. The Metropolitan Museum of Modern Art, New York. **51** Antoine Watteau, L'amour au Théâtre Italien. Kupferstich von C. N. Cochin, 1734. Deutsches Theatermuseum, München. **52** Edward Hopper, Soir Bleu, 1914. Whitney Museum of American Art, New York.

48

49

50

51

52

Clowns“ wie Saul Bellow, William Burroughs, Kafka, Charles Dickens oder Dostojewski. Die Figur des Josef in Kafkas „Prozeß“ verkörpert einen Menschen, der die äußere Harmonie der Dinge längst verlassen hat. Der Idiot bei Dostojewski ist Ausgeburt der phantastischen Phantasie des Komisch-Grotesken. Joe Christmas in William Faulkners „Licht im August“, ist Ausdruck komischer Irrationalität. Der Verweis auf den Zirkus in den Schlußzeilen des Werkes setzt einen klaren Bezug.

Clowneske Motive tauchen in Kafkas „Auf der Galerie“, im „Ersten Leid“, im „Hungerkünstler“, bei Genet, in Paul Verlaines „Pierrot le Gamin“, in Garcia Lorcas surrealistischen Symbolgestaltungen oder bei Georg Büchner auf, der bündig formulierte: „... so wäre man doch etwas, ein Narr, ein Narr!“

Der Film machte die Clowns weltberühmt und entgrenzte die Bereiche des Clownesken und der Komik endgültig, die nun fließend ineinander übergehen. In den Urformen der Filmburleske, wie sie die Brüder Lumière 1895 in den ersten Kinematographenvorführungen zeigten, werden später wiederholte Motive variiert, taucht Schadenfreude auf, wenn ein Junge auf den Schlauch tritt und dem Gärtner das Wasser ins Gesicht spritzt. Muster der Commedia dell'Arte beeinflußten den großen amerikanischen Filmpionier Mack Sennett, der um 1912 die slapstick comedy ersann, in der Crèmetorten mit luftiger Leichtigkeit in feiste Gesichter schlagen, oder Autos über Straßenbahnen purzeln, als gäbe es die Schwerkraft nicht. Die entscheidende Entdeckung Sennetts war wohl Charlie Chaplin, von dem aus sich der Weg zu dutzenden Filmclowns gabelte.

Chaplin taumelt leise bebend im Rampenlicht. Buster Keaton zittert über dem Abgrund eines Wolkenkratzers, Stan Laurel und Oliver Hardy bewerfen sich mit Stühlen, Harold Lloyd bleibt stumm, Jacques Tati ist „Mon Oncle“, der unbekümmert und doch absichtsvoll in genialer Naivität durch die abgezirkelten Obstplantagen des Nachbarn stolziert – ein Promeneur solitair. Pat und Patachon stehen für den eher körperlichen Humor, W. C. Fields rumpelt gewalttätig hilflos durch die Bar, Groucho Marx, der mehr als seine Brüder Harpo und Beppo wegen seiner flinken Rhetorik wie der Gärtner Voltaires wirkt und eine clowneske Grenzfigur darstellt, oder Woody Allen, der mit seinem jiddischen Humor in Groucho Marx den geistigen Ziehvater sieht.

Marcel Carné nützt die symbolische Dichte der Clowns in „Les enfants du paradis“ ebenso wie Josef von Sternberg in seiner Studie eines verzweifelten Clownsgesichts im „Blauen Engel“.

Federico Fellini schuf mit „La Strada“ das Motiv zirzensischer, tränenloser Traurigkeit und erzielte eine epochale Wirkung.

XIII. Der Clown und der Zirkus

Wer aber
sind sie, sag mir
die Fahrenden,
diese ein wenig Flüchtigern
noch als wir selbst.
R. M. Rilke

Eine andere Heimat blieb für den Clown der Moderne neben dem Variété der Zirkus, weil hier das artistisch-körperliche Moment hegemoneal über die Wortgewalt des Theaters herrschte. Die Arena des Zirkus wurde zur Figur der Welt, die Widersprüchliches geschlossen zu erfassen suchte, Tag und Nacht, Schatten und leuchtenden Schein. Walter Benjamin glaubte, daß im Zirkus auch dem Bornierten einsichtig werde, um welche Spanne an Wunder grenzende physische Leistungen dem Wesentlichen näher stehen als die Phantasiegebilde der Introspektion.

Der mit Sägespänen übersäte Spielzirkel des Zirkus wurde in der zweiten Hälfte des 19. Jahrhunderts durch Philip Astley Schauplatz clownesker Kunst. Als Sergeant der britischen Kavalerie hatte Astley gelernt, die Zentrifugalkraft für Reiter und Pferd im Ring zu nutzen. Equestrisches Clowning stand am Beginn der Zirkustradition. Die Komik entfaltete sich auf dem Rücken der Pferde. Antonio Franconi entwickelte ein Szenario „scènes de manège“, man spielte in Paris „Two Englishmen on horseback“. Der berühmte equestrische Clown John Ducrow verkleidete Ponys, die er um einen Tisch gruppierte: „Darby and Joan supping with the clown“.

Mitte des 19. Jahrhunderts verlagerte sich das Zentrum der

Zirkuswelt von England nach Frankreich. Mit der Entstehung fester Spielorte, im Olympique, im Medrano oder Cirque d'Hiver, gewann der englische Clown für gewisse Zeit auch im französischen Zirkus die Oberhand. Die legendären Price Brothers persiflierten in ihrem berühmten Sketch „An evening at Maxims“ das Ritual des Abendbrots und entwickelten eine besondere Form des Zirkus-Slapstick. Sie türmten ihre starren Leiber wie Pyramiden aufeinander und stürzten dann halbkreisförmig in die Arena.

Im Zirkus spielt der Clown das Drama menschlichen Martyriums. Vollgestopft mit Menschenleibern wartet auf ihn eine gewaltig und gewalttätig brodelnde Riesenarena, über der sich eine Kuppel wölbt, erfüllt von Rauschen und scharrenden Schuhen, von einem auf- und abschwellenden Summen, einem Tosen der Ungeduld, das abrupt verstummt: in dem plötzlichen Auftritt des Clowns wird das Leben zu einem stummen Schauspiel, zu einer Pantomime mit Stürzen, Ohrfeigen und Fußtritten – einem endlosen Stoßen und Auffangen von Stößen, von Treten und Getretenwerden.

Clowns machen verrückte Sachen. Sie tappen blökend in Wassereimer, stürzen ungelenk beim Jonglieren, schlagen halbrunde Purzelbäume, fressen gierig Kerzen auf, haben einen Finger zuwenig im Stulpenhandschuh, seifen sich mit milchigem Schaum oder pechschwarzem Ruß ein. Der Clown erweist sich als geübter Schmuggler, der verbotene Grenzen überschreitet, ein Spötter der Realität. Er geht mit zielstrebiger Sicherheit stets in die Richtung, die als falsch angezeigt ist, rüttelt verdutzt an Türen, auf denen in großen Lettern vor „Gefahr“ gewarnt wird, torkeln jäh mit dem Kopf voran gegen den mattglänzenden Spiegel und glotzen von der falschen Seite ins Gewehr. Bei dieser zunächst schmachvoll wirkenden Rigolade, bei diesem Sammelsurium gebündelter Sinnlosigkeiten gewinnt er, Generation um Generation, die Gunst des Publikums, das sich selbst oft richtungslos irrend über den rechten Weg täuscht und dessen Suchen in Sackgassen endet. Die Moderne nimmt dem Clown die Eindeutigkeit seiner Stellung in einem ebenso nicht mehr eindeutig bestimmten Kosmos und offeriert statt dessen eine breitgefächerte Palette an Identifikationsmöglichkeiten für den Zuschauer: der Clown wird zugänglich, eben liebenswert.

Im Zirkus vermengt sich auf eigentümliche Weise das Geheiligte mit dem Profanen, Großes mit dem Kleinsten, die Pole des Lebens stehen sich diametral und unmittelbar gegenüber: die Agonie von Geburt und Tod, Segnung und Verfluchung, Jugend und greisenhaftes Alter, Torheit und Weisheit, Unten und Oben. Vielleicht findet der Clown dort seine eigene Widersprüchlichkeit, die traditionelle Dialektik seines Wesens wieder.

Der Manegenring ist ein auswegloser Ort. Die Kreisform entspricht Anforderungen der Reiterakrobatik. Die Agierenden sind im Zentrum dieses Kreises von Ortlosigkeit gekennzeichnet, die Wege werden versperrt. Die theologische Chiffre des Homo viator ist auch hier lesbar. Als geschlossener Ort zeigt der Ring zugleich ein hohes Maß an Wirklichkeitsgehalt. Er erweist sich in einem Phänomen, das Ernst Bloch beschreibt, wenn er von der Offenheit des Zirkus im Gegensatz zur Verhüllung der Theaterbühne spricht. „Ja, er ist die einzig ehrliche, bis auf den Grund ehrliche Darbietung, die Kunst kennt."

Der Zirkus protzt nicht mit Prunk echten oder falschen Marmors. Da gibt es kein Nachvollziehen fremden Sinns, kein heuchlerisches Soufflieren, keine täuschende Begrenzung der Sicht durch Kulissen. In der Kunst der Artisten bricht sich die technische Figur, die Kraft des Leibes mit der Zwecklosigkeit jeglichen Tuns. Das eigentümliche Gefühl der inneren Rührung, ja Bewegtheit, das neben der zerreißenden Spannung bei den todesmutigen Messerwerfern aufkommt, ist jedem Zuschauer eines kleinen Wanderzirkus bekannt. Nur als besonderes Reservat des Nichtsinns kann die artistische Arbeit leben, nur diese geschützte Leere erlaubt die Signifikanz, die man ihr zuspricht. Die Gefahren im Zirkus sind nicht vorgetäuscht. Eine arglistig lauernde, kitzelnde Erwartung des Ernstfalls bestimmt im Trommelwirbel die Haltung des Publikums.

Der Zirkus – Ausnahmeereignis, aber schon durch seine Ubiquität auch allgemein verfügbarer Ort – war immer Fangnetz Geworfener und Zentrum der Exzentriker. Was in der argwöhnisch geordneten Bürgerwelt keine Heimat fand, sammelte sich dort. Besonders in der ersten Hälfte des 19. Jahrhunderts entwikkelten sich von Frankreich ausgehend auch in Deutschland Schaubuden und Wanderzirkusse.

Der Zirkus ist ein soziologischer Naturschutzpark, wie Walter Benjamin es formuliert, der an Fernand Legers Diktum erinnert: „Geht in den Zirkus, weg von der Symmetrie rechteckiger Fenster, hinein ins Wunderland sich drehender Kreise!“

Bereits die Geographie weist dem Zirkus den Standort: am Rande, an der Peripherie der Stadt. Fliegende Händler, die Perlmuttknöpfe feilbieten, Seiltänzer, Bärenführer, Saltimbanques, gebückte Greise und Äffchen – sie alle verkörpern den Zirkus, eine bizarre Gemeinschaft feiert ihre Existenz: Jongleure, Kraftdamen mit blutrotem Wams, Bauchredner mit dumpfem Sprechgesang, Riesenweiber mit einem weit geschwungenen Napoleonhut und Halsbändern aus strohgelbem, unechtem Bernstein, Akrobaten, Eskimos, Albinos im saphirenen Unterkleid, Feuerfresser, Kunstschützen, sabbernde Froschschlucker, bärtige Frauen, siamesische Zwillinge, Menschen ohne Gliedmaßen.

Jean Genet erkennt im Zirkus eine Instanz letzter Wahrheit. Der Artist gleicht dem Clown. Er erscheint unverletzbar, solange er seine Welt nicht verläßt. Der Seiltänzer, der in schwindelnder Höhe balanciert, stürzt doch plötzlich ab ins Flammental, wenn er die rabenschwarze Augenbinde öffnet und ihm seine Lage jäh ins Bewußtsein tritt. Er darf nicht ahnen, daß er für ein Publikum tanzt, weil er sonst verloren ist. Der Artist deutet hinaus ins Verheißungsvoll-Ungeheure, er brennt Abend für Abend, nur wenige Minuten, er gleicht dem Blitz, der aufzuckt, der mit brachialer Gewalt einschlägt in die abendliche Fröhlichkeit. Selbstvergessen versteckt er sich hinter rubinroter Seide, die nur im Lichtschein des flackernden Zuckens das abgründige Elend erleuchtet, das ihn tanzen macht, während im geheimnisvollen Dunkel unter der gewölbten Kuppel tausend gierige Augen schaudernd seinen Sturz heraufbeschwören.

Der Artist, auch ein Narziß, tanzt, weil der bürgerliche Alltag keinen Raum für die Intensität und Sprengkraft seines Begehrens läßt. Die Möglichkeit zur Entfaltung bietet nur der Auftritt.

Dann, und nur dann, erscheint er nicht von sich selbst gespalten. Er liebt, so will es uns vorkommen, den Zirkus und seine Kunst und verachtet hochmütig spottend die Welt und den Tod. Aufrücken möchte er in elysisches Land.

Für Flaubert war die Zirkuswelt ein weites Königreich, unzugänglich, exotisch, getrennt von der Welt draußen durch kaum überschreitbare Grenzen, die Mögliches vom Unmöglichen trennten.

Die „Salome" Oscar Wildes, die „Lulu" Frank Wedekinds, die zu Beginn des Erdgeistes im Kostüm des Pierrot erscheint, erklären die verschwiegene Psychologie des Artisten. Die futuristische Tänzerin verkörpert in blau schillerndem Samt eine Illusion, eine Blume, einen schwingenden Vogel, eine imaginäre Göttlichkeit.

Baudelaires „Fanfarlo" tanzt federleicht, und der Tanz ist die Poesie des Körpers. Bei grellem Licht vollzieht sich die Evidenz des Unmöglichen. Der Artist weiß sich in dieser Unmöglichkeit einzurichten. Die augenscheinliche Kontrolle über die Kunststücke, das Fehlen schützender Paravents läßt Adorno vermuten, daß ein Kunst-Stück „keine Vorform von Kunst und keine Aberration oder Entartung" ist, „sondern ihr Geheimnis, das es verschweigt, um es am Ende preiszugeben".

Dies gilt für sie alle: für den Seiltänzer mit den sehnigen Fingern, für die wie Wildkatzen fauchenden Dompteure, für die Akrobaten mit den silbernen Medaillons, für die Trapezkünstler mit den diamantenbesetzten Gurten, die Zauberer mit ihren Ferngläsern, Brennspiegeln und Himmelskarten und für die Kunstreiter.

Es herrscht im Sinne Jörn Merkerts in der Zirkuswelt ein gebrochenes Weltbild von utopischem Charakter, pendelnd zwischen „melancholischer Erkenntnis des Verlustes von Welt-Habe und dem spielerisch-poetischen Vorentwurf ganzheitlicher Idendität", den es antithetisch zu beschreiben gilt.

Eine Geneologie der Zirkuskunst vermag zu zeigen, daß der Zirkus in meuterischem Aufbegehren der bildenden Kunst gegenüber den Vorzug hat, als Selbst Wirklichkeit zu schöpfen.

Der Zirkus war Bestandteil aller wesentlichen Kulturen, und gerade die Mechanik der Clownerie zeigt, wie tief der Zirkus in den Tratitionen einer bestimmten Kultur verankert ist. Werte und Normen einer Kultur scheinen in ihm wie sich kreuzende, vergrößerte Strahlen unter einem Brennglas auf: Kostüme, Mimik, Habitus der Künstler ebenso wie ihre Gestik, die soziale Erfahrung, die Musik, die Lebensgesetze von Zeit und Raum spiegeln sich wider. Universelle, wiederkehrende Werte begegnen sehr besonderen, von einer bestimmten Kultur geprägten Normen.

Der Zirkus scheint die Gesamtheit einer Kultur im mikrokosmischen Maßstab zu verkleinern. Vielleicht steht er am Rande der Gesellschaft, weil er ihr wirkliches Zentrum ist.

XIV. Die kulturelle Eingebundenheit clownesker Komik

Laß sie doch! Wenn keine Narren auf der Welt wären, was wäre die Welt?

Goethe in Lenz' *Pandoemonium germanicum 1,3*

Unbezwingbarer Lachreiz und die Masken, hinter denen sich Traurigkeit versteckt, gehören zum Phänomen clownesker Komik in den Ausgestaltungen beider tradierter Wesenszüge des Clowns: des Glücksbringers wie des Widersachers.

Die Gegenstände der Komik können freilich durch die Zeit, Geographie und die Kulturen einem Wandel ausgesetzt sein.

Das Lachen der Zuschauer ist nicht in allen Kulturen gleichartig. Der Humor eines Volkes – wie etwa der in der jiddischen Literatur überlieferte – ist nicht überall verständlich. Er verlangt die Kenntnis der Sitten, der tradierten Normen und des sprachlichen Habitus. Lachen entspricht einem sozialen Akt, es bleibt von der kulturpsychologischen Situation abhängig und bedarf des gesellschaftlichen Echos. Seinen moralischen Wert erfährt es im Widerstand gegen die Unfreiheit eines menschlichen Ordnungsgefüges, in der fortdauernden Nicht-Kenntnisnahme hinderlicher Umstände, die wieder von der jeweiligen Kultur und ihren Normen abhängen. Lachen gründet sich nicht nur auf eine intuitive Komik, sondern ist auch durch seine soziale Funktion mitbestimmt. Daher Bergsons Grundsatz: Komik herrscht vor allem in der menschlichen Sphäre und vermittelt zwischen Kunst und Leben. Über Tiere lacht man nur, wenn man in ihnen einen menschlichen Ausdruck wiederzuentdecken glaubt. Die clowneske Komik bestätigt die kulturelle Eingebundenheit.

Im Extremen erkennen wir das Exemplarische; der Brückenschlag zwischen Symbol und Wirklichkeit wird nachvollziehbar und macht die soziale Bedingheit des Lachens in Vergleichen ersichtlich. Während der großen Depression im Amerika der dreißiger Jahre entwickelte sich über den weiten Kontinent verstreut, an Orten, die durch endlose Schienenstränge verbunden waren, eine vielgestaltige Tramp- und Hobo-Subkultur. Nat Wills, „happy tramp" und Clown zugleich, stieg von der Straße unmittelbar auf die Vaudevillebühne oder in einen Zirkusring. Otto Griebling, ein anderer berühmter Trampclown, nahm eine Drehorgel mit auf die Bühne. Er befand sich inmitten zyklopischer Papplandschaften auf der Flucht vor der Polizei und lag im Kampf mit der Materie in Gestalt eines widerspenstigen, kettenlosen Freilauf-Tourenrads, dessen rostiges Gestänge zu zerfallen drohte und das Griebling doch verquer zusammenfügte – außerhalb der unausrottbaren Epidemie vulgärer Vernunft.

Ein anderer Clown, Emmett Kelly, zermalmt mit schweren Eisenhammerschlägen eine kleine braune Erdnuß und verstößt damit auf skandalöse Weise gegen das Gebot der Verhältnismäßigkeit der Mittel.

Im Amerika des 19. Jahrhunderts hatte der Clown Dan Rice mit seiner geradezu zirzensischen Fähigkeit des Grimassierens eigene Akzente gesetzt. Als „folc hero" sah er sich in der Tradition des Hofnarren und ließ sich gerne zu Präsident Lincolns politischem Jester küren. Als Anwalt der Gegenpartei wollte er die Interessen

53 Honoré Daumier, Don Quichote. Um 1868. Neue Pinakothek, München. 54 Honoré Daumier, Les saltimbanques. Aus: Klossowski, Honoré Daumier, 1908. 55 Francisco Goya, Ein Hofzwerg, 1778. Radierung nach einem Gemälde von Diego Velazquez. Staatliche Graphische Sammlung, München. 56 Odilon Redon, Die Sumpfblume. Aus: Hommage à Goya, 1885.

53

54

PINTVRA D.D.DIEGO VELAZQUEZ
Q.e Representa à un ENANO, y esta en el Palacio R.l d M.e grabada
p.r D. Fran.co Goya Pintor a 1778

55

56

des „common man“ gegenüber der Allmacht des Staates wahren. Ein Shakespearean Jester wollte er sein, eine politische Figur auf nationaler Ebene. Der sowjetische Clown greift Traditionen auf, die zunächst an die mittelalterlichen Sottises erinnern, an die widersachenden verneinenden Kräfte, wie sie schon die Indianerkulturen in vielgestaltiger Weise kannten. Der Shakespearean Jester wird zum politischen Kommentator, ja Agitator, er tritt, ein Brigadier der Clowns, auf die Straße wie Witalij Lazarenko, der an der Spitze von Märschen ging, die sich gegen jede Zensur wandten, vor allem während der Revolution.

Der russische Clown befehdete als politischer Jester hinter der Tarnkappe des Narren die Autoritäten des Staates und die besitzende Schicht der Landeigentümer. Berühmt wurden die Durow Brüder. Wladimir und Anatolij, die Ratten und andere abgerichtete Tiere in ihr Repertoire aufnahmen. Auf dem dramatischen Gipfel der Nummer sollte ein dressiertes, zunächst in Sacktuch verhülltes Schwein inmitten des Spielzirkels eine Silbermünze mit dem Rüssel aufheben, aber es scheiterte an der Aufgabe. Wladimir Durow kommentierte die Farce trocken: von einem Schwein war nichts zu erwarten, wenn noch nicht einmal der zaristische Finanzminister den Rubel heben konnte.

Die Kunst verweist auf Affinitäten. Unter italienischem Einfluß sahen vor allem die russischen Futuristen, allen voran Wladimir Majakowski, die Trias aus Clowneskem, Zirkus und Pantomime als tragendes Element neuer Theaterformen. Russische Intellektuelle glaubten Merkmale, wie sie F. T. Marinetti in seinem Theater-Manifest von 1913 formulierte, in der Figur des Clowns verkörpert zu finden: die Vorliebe für das Karikieren, das Lächerliche, das Verständnis für blanke Ironien, die hintersinnige Symbolik, das Unkontrollierbare, die Analogiemöglichkeiten zwischen Tier, Mensch und der mechanischen Welt, für die fiebernden Fluchten des Individuums in das Unbedingte.

Die scharfe politische Satire innerhalb der Oppositionsbewegung während der Oktoberrevolution erfaßte auch Clowns wie Bim Bom und Lazarenko, die sich als politische Jester im Dienste einer Volkssouveränität begriffen. Lazarenko stand mit Majakowski, Sergej Eisenstein und den anderen Protagonisten des revolutionären Geistes in enger Korrespondenz und wirkte maßgeblich an Theater- und Filmexperimenten der Lenin-Ära mit. Auch Maxim Gorki schrieb ein Zirkusszenario, das unter dem Titel „The Hard-worker Worldflow“ 1920 auf Englisch erschien.

Die Revolution bedeutete Umbruch und Zäsur zugleich. 1919 wurde der Zirkus verstaatlicht. Es entstanden nationale Zirkus- und Clownsschulen. Die Bruderschaft der Clowns wurde auf nationaler Ebene politisch eingestimmt, die für ihre Arbeit wichtigen gesellschaftlichen Antagonismen wurden aus dem Weltbild getilgt. Lazarenko gehörte zu den wenigen Clowns, die sich einen unabhängigen Status bewahren wollten und sich gegen die wild wuchernde Bürokratie und die lautstarke Regierungspropaganda in den neu entstehenden Industriestädten zur Wehr setzten. Ihm war Reibfläche für seine clowneske Zündkraft vornehmlich der äußere Feind. Der Clown Karandash, ein Kleinkind mit steinaltem Gesicht, suchte den Zugang zu den Weltmächtigen hingegen in linientreuer Façon. In der Phase des Zweiten Weltkriegs ergreift er öffentlich Partei gegen das nationalsozialistische Deutschland, karikiert den Feind, ohne seine persönliche Idee aufs Spiel zu setzen, wenn er wie ein speiender, amphibischer, zweiköpfiger Polyp angreifende Panzer imitiert.

Auch Oleg Popov ist nicht mehr tanzender Teufel gegen *jede* Orthodoxie, sondern gestaltet, wenn auch aus der Ursprünglichkeit seines mimetischen Genius, die Dramaturgie und den Inhalt seines Auftritts bereits unter den Insignien des nachrevolutionären, nationalstaatlichen sowjetischen Denkens. Seine Kritik gehorcht gesetzten Maximen, die Stoßrichtung der Polemik ist gegen überstarke Funktionäre und Trunksüchtige gerichtet sowie gegen einsickernde Elemente westlicher Kultur.

Der sowjetische Zirkus kannte die Zweiteilung in Weißclown und August im Sinne der westlichen Tradition nicht mehr, es entwickelte sich ein Clowntypus, der sich nicht immer als Verlierer darstellt, sondern schließlich Sieger über selbstgelegte Fallstricke bleibt. Die sowjetische Clownskomik kennt nicht die antagonistische Kluft zwischen dem einzelnen und der Gesellschaft, dem Individuum und dem Kollektiv, da sie qua theoria nicht anerkannt wird. An ihr aber erst könnte sich das Scheitern des Clowns mit dem abfallenden Kontrast seiner Komik entzünden. Oleg Popov, der den jungen Arbeiter mit der karierten

Schiebermütze verkörpert, meistert schwere Kunststücke mit optimistischer Miene, er eifert der Ballerina auf dem Schwebeseil nach – und der abenteuerliche Versuch glückt! Da Theorie und Praxis im marxistischen Verständnis nach dem Gesetz des Einklangs gedeutet werden, ist ein Mißlingen unwahrscheinlich.

Der Einklang zwischen Individuum und seiner Umwelt bleibt ungestört, auch wenn der Clown durch die Manege stolpert, aber schließlich doch nicht stürzt wie ein dummer August, sondern sich als wahrer Artist zu erkennen gibt, worauf nicht nur das Publikum lacht, sondern vor allem Popov selbst über sein Publikum, das tatsächlich glaubte, er sei Clown und kein Artist, und auf sein Spiel hereingefallen war.

XV. Dramaturgie des Clownesken

The perfect fool
William Blake

Eigentümlich ist dem clownesken Humor, daß er dem Zuschauer das Trauerspiel als Komödie erscheinen läßt. Im Zirkus setzt er die Fallhöhe steil an. Menschen fliegen durch den Raum, eine Frau tanzt rücklings auf einem Bären, der Clown, den Dompteur persiflierend, legt den Kopf in den weitaufgerissenen Rachen eines Löwen, spielt mit blechernen Tellern, backt den Kuchen im Zylinder. Immer wieder klettert er aufs Seil – und fällt. Seiltänzer will er sein – und schafft es doch erst im letzten Ruck. Ein umgekehrter Pyrrhussieg! Wir lachen – auch wo wir weinen sollten, wenn wir unser Gefühl nicht betäubt hätten.

Grock mit seinem grellkarierten Rock und der Glatzenperücke intoniert mit seiner winzigen Geige das Vorspiel zu „La Traviata“, stutzt, läuft hinter die Gardine, und spielt weiter. Erst jetzt bemerkt er, daß er verkehrt spielt, die Geige rechts, den Bogen links. Sein berühmtes „... nit möööööglich!“ schafft der Verwunderung Raum.

Das andere Mal ist Grock in einem Stuhl gefangen, dessen Sitzfläche zusammengebrochen ist, nachdem er auf ihn gesprungen war, um sich mit seiner Concertina auf die Lehne zu setzen.

Nach kurzer Überlegung führt er mit gekreuzt übergeschlagenen Beinen jenen legendären Sprung vom Manegeboden auf die Lehne auf, der bis zu seinem letzten Auftritt Weltruhm besaß.

Als der kleine Sessel zu weit von dem großen Klavier entfernt ist, greift Grock als wahrer Clown zum nächsten Mittel: er schiebt das schwere Klavier zum Stuhl. Auch der Geigenbogen, den er in die Luft wirbelt, fällt zu Boden. Grock hebt ihn verdrossen auf, übernimmt einen zweiten Versuch, vergeblich. Erst hinter der spanischen Wand scheint es zu gelingen, als Grock in sich versunken, immer weiter und weiter spielt und das Publikum den Bogen kurz hinter der spanischen Wand aufzucken sieht.

Die Auguste stehen und starren stumm auf das clowneske Wunder.

Charlie Rivel putzt sich als kauzige Primadonna heraus, öffnet langsam den Mund, schnippt dreimal mit den Fingern und beginnt aus „Tosca" zu singen, unterbrochen lediglich von seinem jämmerlichen „. . . Uuuuuh!" bis das Notenblatt zu Boden fällt. Er hebt es verstört auf und beginnt verdutzt von neuem mit einem stattlichen Gekrächze: Charlie hält das Notenblatt verkehrt, singt die Violinnoten im Baßschlüssel, und gurrt mit seinem befreiendglücklichen Seufzer: „Schöööööööön!"

Allen Clowns gemeinsam ist die Komik, die aus der mechanischen Starrheit oder der Zerstreutheit eines Menschen resultiert. Clowns sind immer große Zerstreute, verträumte Geister, wenn sie verstört aus ihren winzigen Maulwurfsaugen blinzeln und über die Wirklichkeit stolpern, Sterngucker, denen das Leben schadenfroh ein Bein stellt. Ihre vermeintliche Torheit scheitert an der Logik, die sie aufheben wollen, wenn sie Kreise in das Wasser zeichnen und Vierecke in die Luft, an jener Logik, mit der das Leben verfährt, wenn es Träume zerstört. Komik vollzieht sich oft unbewußt, komische Personen wissen nicht unbedingt, daß sie komisch sind.

Die Komik des Geschehens gleicht einer Zerstreutheit der Dinge, ebenso wie die Komik eines individuellen Charakters ihren Grund immer in einer fundamentalen Zerstreutheit des Individiuums findet. Auch die Komik der Clowns verhält sich wie die Gliederpuppe zum Menschen: sie arbeitet mit der artifiziellen Übertreibung einer gewissen Steifheit der Dinge.

Don Quijote mit seinem grotesk-romantischen Gefühl stürzt in den moosigen Teich, weil er in die Sterne guckt. Das wirkliche Leben scheint komisch in dem Maße, wie es sich vergißt und Schranken durchbricht.

Mechanische Starrheit wirkt ebenso komisch wie Zerstreutheit. Aller Grazie und einer inneren Balance widersprechende Bewegungen gewinnen dem Körper einen komischen Effekt ab.

Der Genius des Clowns liegt in seiner Fähigkeit, durch Beherrschung seiner Körpermechanik psychische Zustände auszudrücken.

Der Vergleich des menschlichen Bewegungsmechanismus mit der Maschine erzeugt Komik im Sinne Bergsons, der Haltungen und Gesten des Menschen in dem Maße als lächerlich empfand, wie der Körper an einfache Maschinen erinnerte. Chaplin gibt ein Beispiel in „Modern Times", wenn er nicht aufhören kann, die von der Maschine geforderte Bewegung auszuführen und fortfährt, mit der Zange in die Luft zu schnappen. In seiner kurzen alogischen, ja irrealen Form kann das futuristische Theater den Clownsnummern ähneln. Auch Ionesco weicht von der gewohnten dramatischen Technik ab und zeigt nur noch die Mechanik der Individuen.

Nicht das Absurde liegt dem Komischen zugrunde, sondern eher umgekehrt: das Absurde erscheint nicht als Ursache, sondern als offensichtliche Wirkung.

Don Quijote liefert ein Beispiel: er glaubt, feindlichen Riesen zu begegnen, wo der andere Mühlen sieht. Statt sich die den Gegenständen entsprechenden Vorstellungen zu eigen zu machen, schafft er sich die den Vorstellungen entsprechenden Gegenstände herbei. Der Zuschauer erkennt sich in dem Clown wieder, findet sein eigenes Selbst, sein endliches Sein angesichts bedrohlicher Lebensmächte. Aus dem Fehlschlag geboren, schafft der Clown Affirmation, im Halse steckenbleibendes Lachen, von dessen Wehmut bereits Aristoteles berichtet. Das „So-ist-Es" wird zur Selbsterkenntnis jenseits des Blendwerks.

Mit zerrissenem, kalkbespritztem Gehrock und einem schief auf dem Kopf sitzenden Zylinder geht der Clown für uns auf die dornenreiche Suche nach der Utopie einer Existenz – die befreit wäre von der Last des „Man-selbst-Seins".

Die Wirkung der Körpermechanik zielt in die gleiche Richtung: der Zuschauer freut sich über die ihm vorgeführten Möglichkeiten und wünscht sich verwundert staunend für den eigenen Körper die gleiche mechanische Exzentrik, um sich aus der beengenden Statik und der Erdenschwere zu befreien.

Clowns gründen ihre Komik im starken Maße auf den Körper. Sie verzichten auf die Sprache, ersetzen sie durch Stummheit und Stammeln, die indes um so beredter sind, je mehr sie unverständlich erscheinen. Geste und Gebärde sind die Elemente einer Ursprache. Wenn sie als Gruppe auftreten, wie die Fratellis, haben sie oft Heftpflaster über dem Mund.

Die Wirkung des fallenden Kontrasts bleibt ein Charakteristikum clownesker Komik. Tom Belling spannt unter dem Aufruhr schriller Pfiffe alle Kräfte an, um sich über eine hochgespannte Schnur zu werfen, auf den emporgerichteten Mast zu klettern, die feierliche Stille zu zerreißen und den Weißclown bei einem Trompetensolo zu stören – und schreckt im letzten Moment doch davor zurück.

Die Lust am Clown – ein einfaches, den fallenden Kontrast spiegelndes Mitspielen im Sinne Helmuth Matiasek. Wenigstens einen flüchtigen Augenblick muß der Betrachter die gespannte Erwartung in sich eindringen lassen – dann bricht eruptives Lachen plötzlich als Zeichen der Entspannung aus ihm heraus.

Eine Anthropologische Betrachtung clownesker Komik darf sich jedoch nicht allein auf den Gesichtspunkt der Schadenfreude beschränken, auf das heillose Getümmel aus lärmig klapperndem Stolpern und spöttelndem Versprechen. Der Zuschauer verfällt zunächst in den Glauben, er könne sich vor solchem Versagen im eigenen Leben sicher fühlen. Diese täuschende Hoffnung verleiht ihm das Gefühl trügerischer Überlegenheit als Voraussetzung für seine Freude, ein Gefühl, das in den indianischen Mythenzyklen kaum aufscheint und wesentlich der Moderne zuzurechnen ist.

Denkt er tiefer nach, begreift er vielleicht, daß der Mensch vor den vermeintlich großen Anstrengungen der Weltwirklichkeit versagen und doch in seiner Ethik bestehen kann. Diese Einsicht entlastet ihn. Die Energie, die früher auf seine gekünstelte „Haltung“ verschwendet wurde, fließt in beglückendes Lachen ab.

Müde und alt gleicht der Clown, der „Versager“, dem „Humanisten“.

Pierrot – den goldenen Reifen um die Brust gelegt – ist ein Purist mit weißer Rose, vagen Sehnsüchten, und lebt zwischen Leben und Tod im Halblicht der Silhouette, eine Allegorie auf das Leben selbst.

Der Schmerz wechselt sein physikalisches Gewicht und gebiert Lachen. Goethe stellt im Prolog zu „Faust“ Mephisto nicht nur als satanische, sondern als lustige Person vor; Sokrates setzt in Platons Symposion, ohne unmittelbaren Bezug auf das Clowneske, den Genius der Komödie mit dem der Tragödie gleich. Der bedrohliche Dämon bohrt sich mit der Aggressivität des Nichts in die unterirdische Welt des Lachens.

Die bildende Kunst fängt dieses Motiv ein. Rouaults Clowns haben das Königreich des Todes niemals verlassen. In Picassos Bildern bleibt der Harlekin Torero vor dem Tod, wenn er einen weiten letzten Blick über das Halbdunkel der Menge gleiten läßt, die grausam den Verlust der Aureole spürt.

Rilke spricht in seiner fünften „Duineser Elegie“ vom Geheimnis der Todespassage als dem symbolischen Kosmos der Artisten. Der Clown fürchtet den Tod nicht, er liebkost ihn zärtlich. Wird er nach einem Schußduell unter einem schwarzen Tuch auf einer Bahre aus der Manege getragen, torkelt er plötzlich bei chopinscher Trauermusik hinter seiner eigenen Leiche her – lautstark weinend und betroffen gestikulierend.

Bei Fellini schwingt sich der Clown auf eine Champagnerflasche und steigt in den Himmel.

In gewissem Sinne ähnelt die Vision des Clowns Kierkegaards spekulativer Dialektik, die zum Ernst des Todes auch die hinter dem Tod liegende Hinterlist, die ganze tiefsinnige Schalkheit des Todes einbezieht.

Harlekine und Clowns fußen auf einer Tradition, zu der auch Hermes gehört, aber nicht nur Führer der Seelen, sondern auch Verwalter des Geheimen war. Wir können sie durch die Jahrhunderte hindurch in ihren wechselnden Gewändern beschreiben und die Mechanik ihres rebellischen oder erlösenden Witzes zerlegen. Jedoch: clowneske Komik bis in ihre letzten Verästelungen zu begreifen, von der chimärischen Welt der Commedia dell'Arte bis hin zum Witz eines Woody Allen, dies hieße Dämonen bändigen.

XVI. Formen und Motive der Komik und des Lachens

Hoffen und Harren macht manchen zum Narren
Ovid, *Heroiden* 16,234

Eine Unterscheidung läßt sich mit Bestimmtheit treffen: die Kunst des Clowns ist etwas grundsätzlich anderes als die Groteske. Das Groteske läßt jeglichen Ordnungssinn zurück, es beutet die Verrücktheit der Wirklichkeit mit strategischem Kalkül aus. Baudelaire unterscheidet in diesem Sinne Lachen und Freude. Steht Freude für Einheit, kann Lachen satanische Züge gewinnen und die Zerstörung dieser Einheit bedeuten.

Vor dem Blick dessen, der alles weiß, verschwindet Komik. Ein fleischgewordener Logos, starr wie die gebrochene Quecksilbersäule, lacht selten. Lachen als Erbteil des Narren ist in Konsequenz stets mit Unsicherheit und Schwäche verknüpft. Lachen und Weinen sind mit Lebensschweiß durchtränkt und im paradiesischen Zustand schwer denkbar. Sie sind Geburt der Mühsal und der Verdammnis.

Lachen kann auch als Symptom der Schwäche gedeutet werden, vor dem Hintergrund des Unglücks und des Mißgeschicks

Kindclown/Clownin/Frau und Clown

57 Auguste Renoir, Le Pierrot Blanc, um 1902. Sammlung Mme. Paul Guillaume, Paris. **58** Henri de Toulouse-Lautrec, La Clownesse assise. Aus: Elles, 1896. Staatliche Graphische Sammlung, München. **59** Max Beckmann, Kolumbine, 1950. Sammlung Morton D. May, St. Louis, USA. **60** Pablo Picasso, Tuschzeichnung vom 6. 1. 54/XI. Aus: Verve, Nr. 29/39, Paris 1954. **61** Pablo Picasso, Bleistiftzeichnung vom 1. 8. 1969/I. Aus: Picasso, Dessins, Paris 1972.

57

58

59

60/61

des anderen, etwa des Clowns, der als sorgloser Infant über Eierschalen stürzt, am Trottoirrand über Schurz und Schärpe stolpert und hart auf das Pflaster schlägt. Baudelaire mißt dem Lachen in seinen Überlegungen vom Wesen der Komik einen unbewußten Hochmut zu, eben jenes gewürfelte Maß an Satanischem. Der Lachende selbst glaubt stets, er falle nicht. Lachen kann aber auch zur Katharsis führen, zur Entladung des geballten Zornes über das eigene Leiden werden: Ausdruck seiner Doppelnatur. Der Einzelne glaubt sich vom Krebsgang dem Schicksalhaften gegenüber entbunden. Das Gefühl vermeintlicher Überlegenheit läßt im Lachen auch Satanisches mitschwingen, in seinem widersprüchlichen Wesensgrunde bleibt Lachen Sinnbild unendlicher Größe und Mahnmal des Leidens zugleich.

Das komische Element liegt wesentlich auch im Lachenden selbst und ist nicht nur im Gegenstand des Gelächters, in der schuldhaften oder unschuldigen Entgleisung verborgen. Wer stürzt und geschwärzt im Staube liegt, lacht selten über den eigenen Fall, es sei denn, er verfügt über die Fähigkeit eines Zwittergottes zur Ich-Verdoppelung, so daß er außer sich treten und der eigenen Person als unbeteiligter Zuschauer gegenüberstehen kann. Lachen ist so vom Gefühl der Freude in ihrer fehlerlosen Symmetrie zu scheiden durch seinen raubgierigen und widersprüchlichen Charakter. Wesentliches Merkmal der Komik ist, daß sie sich selbst unbewußt ist. Clowns, die aus sich selbst unter den Masken kahlgeschorener Schädel das Komische entfalten, gründen ihre Wirkung auf die Zwiespältigkeit des Phänomens: Zum Takt der Paukenschläger geben sie gleichzeitig das eigene Ich preis und kriechen in das fremde Selbst der züchtigen Bürgersfrau. Als existentieller Zwitter steht der Clown wieder für die Ahnung, für eine veränderte Vorstellung von Notwendigkeit, Diener und Herr zugleich.

Die Unterscheidung zwischen Komik und Groteske wird offensichtlich: Das schaudernde Grauen, das die Groteske erzeugt, zeigt sich als so stark, weil es die eigene Wirklichkeit ist, deren Verläßlichkeit sich als trügerischer Schein erweist. Es geht bei ihr weniger um Todesangst als um Lebensfurcht. Das Groteske durchpflügt eine aus den Fugen geratene Welt, die mehr ist, als nur von sich selbst entfremdet, und signalisiert das Zerbrechen jeglicher moralischer Ordnungsbezüge.

Das Tragische, das in der Kunst der Komik sichtbar wird, offenbart im sinnlos Absurden die flüchtige Ahnung einer Sinnmöglichkeit: nämlich im aufrichtigen Leiden und in der aufsteigenden Größe des tragischen Helden, wie er uns in der griechischen Tragödie oder der Atridensage entgegentritt.

Die Unterscheidung zeigt, daß die Welt der Clowns in der Moderne mit ihrem verzweifelt anmutenden Zweifel am Zweifel, mit ihrer Sinnsuche eher tragische als groteske Züge aufweist.

Die Rastellis der Mimik schaffen mit ihrer Variante der Unvollkommenheit, dem unaufhörlichen Mißlingen, der schmachvollen Niederlage eine eigene Stilform: das Ziel so gezielt zu verfehlen, wie es ihnen gelingt, so unbeholfen zäh – darin verbirgt sich ihre Kunst, ihre Tragik und Komik eben.

Das Klavierspiel soll beginnen, aber der Deckel klappt zu. Der Chor setzt an – aber jedesmal hustet bellend ein Clown. Als die Klarinette schließlich ansetzt, tragen Clowns eine strohgelb gestrichene Fahnenstange vorbei. Die Pistole des Schießkünstlers erweist sich nur bedingt als diamantenhart, sie schmilzt zusammen und eine Kugel fällt träge ins Sägemehl. Ein Reiterkunststück soll beginnen: der Esel mit dem Federbusch bockt. All diese Merkmale verdichten sich zu einem stehenden Prolog der Clownszene in einer Art Rahmenhandlung. Wieder entdecken wir komische Momente, die durch die Fallhöhe des Kontrastes hervorgerufen werden: die mißlungene oder nicht zustande gekommene Darbietung. Das Versagen wird dramaturgisch verarbeitet und angekündigt, wenn der bebende Trommelwirbel die Stille auf dem Gipfel der Darbietung zerreißt.

Ein anderes Beispiel: Ein begnadeter Künstler wird gebeten, ein Lied vorzutragen. Chaplin sitzt versteckt im Publikum. Er hat wenige Zeit vorher ein Pfeifchen verschluckt. Die Stimmung ist feierlich und gespannt. Chaplin versucht seinen Schluckauf zu unterdrücken, aber die Natur wirft ihn nieder. In dem Moment, da der lyrische Tenor tirilierend ansetzt, ertönt ein schriller Pfiff. Die Vorstellung platzt!

Selten taucht ein „aufsteigender Kontrast“ in der Komik des Clowns auf. Dann freilich erweist sich der Clown nach Überwindung aller Hindernisse als wahrer Künstler. Grock gibt ein eindrucksvolles Beispiel, wenn er die ungarische Rhapsodie spielt. Er überschreitet die Stilgrenze und ergänzt die Komik durch die Virtuosität eines pianistischen Kunststücks.

Die Erfahrung des ewigen Mißlingens ist unsere Erfahrung, im Clown erkennen wir die sehnsüchtige Unerfüllbarkeit des Anspruchs auf mehr Leben, freilich mit einem Unterschied: unsere Erfahrung bleibt an die Trümmer der eigenen Existenz gekettet, während der Clown mit federndem Schritt über das zerschundene Gesimse hinwegsteigt und sich aus den unaufhörlichen Mißgeschicken seines Lebens einen Spott macht – mit der Technik des immer neuen Probierens, einem nicht zu erschütternden Entdeckermut.

Jacques Tati, Charlie Chaplin, aber auch Don Quijote, sie alle sind unzeitgemäße Figuren mit überzeitlichem Gehalt und stoisch anmutenden Charakterzügen.

Don Quijote, der einsame Narr, folgt der fahlen Dämmerung des Vorwerks, verläßt Haus und Hof und durchlebt als fahrender Ritter eine equestische Utopie. Ein archaischer Riese, hingestreckt wie in einem Tempel von Agrigent. Obgleich ein unbedingter Täter, ist er kein großlippiger Held, er ist sich selbst Versprechen. In der platten Hochebene von La Mancha wie zwischen den verdorrenden Feldern der wüstenartigen Landstriche Südkastiliens durchmißt er eine entsinnlichte Gegenwart und versucht dennoch, der Entzauberung der Welt zu entgehen. Traumzauber und Wirklichkeitssphäre werden gekreuzt, die Zweckfremdheit sympathisiert über den Abgrund der Weltalter hinweg mit dem Vaganten, der festem Eigentum und seßhafter Zivilisation entsagt. Die Viehmagd, die sich in der düsternen Enge mit dem säbelbeinigen Eseltreiber die nächtliche Kurzweil teilt, deren strähniges Haar, das Pferdemähnen gleicht, als barocke Lockenpracht gedeutet wird, deren matte Glaskorallen ihm als orientalische, schwarzgrün funkelnde Smaragde erscheinen, blüht zur Schönheit auf, verklärt durch das Pathos der Heiligen Jungfrau.

Empirie wird erlebt durch empirische Deformation, hierin liegt die Affinität zum Traum, zur Entrücktheit – ein Leben in der Projektion!

Zu seinem Adlatus Sancho Pansa spricht Don Quijote kryptisch: „Gott ließ mich geboren werden, um in unserer Zeit das goldene Zeitalter wiederzuentdecken." Im Munde eines Geschlagenen, mit Pflastern übersäten gewinnt diese Aussage mit dem Pathos des Sendungsbewußtseins komische Züge, wobei alle Erbärmlichkeit gegen die Schönheit der aus ihrer Verschüttung ausgegrabenen Traumschicht nicht anzukommen vermag. Das Straucheln und Stolpern zwischen Wollen und Können verleiht dem schutzlosen Beschützer clowneske Züge. Als Täter ohne Taten, Sucher ohne Antwort gerät dem Helden jede heroische Gebärde, jede dünkelhafte Geste der Erhabenheit zur bloßen Narretei, zum Urbild des Fiktiven, zur Chimäre eines messianischen Ideals. Dennoch: der Reinheit seines Strebens entspricht die Unbedingtheit der Poesie. Ein jeder Traum ist wirklich. Der Scheincharakter der Existenz Don Quijotes nimmt dieser kein Gran von Wirklichkeit. Er bleibt Methexis an der Wahrheit.

Die Aura seines Edelmutes kennt keine Grenzen. Eine sorglos über ihn hinwegtrampelnde Schweineherde wird zum Synonym für den vorbestimmten Weltablauf, aber auch für ungewohntes Gassenglück. Sein Preisgegebensein erinnert in ihrer Metaphorik an die verlachte Reinheit der Erlöserfigur Jesu. Die utopische Grundfigur hinterläßt das Vermächtnis der Möglichkeit unter Verzicht auf das falsche Versprechen einer prästabilisierten Harmonie.

Die Verehrung des Wachtraumes scheidet jede komische Utopie von der abstrakten. Die sehnsuchtsvolle Hungerleiderei läßt ihn halluzinatorische Wegstrecken durchmessen, ein Ritter, verächtlich mit zurückliegendem Kopf über flaches Gras hinwegblickend, steht er mit scharfer Lanze gegen eine unaufhaltsam erstarkende Bürgerwelt. Aus Don Quijotes Existenz spricht, subjektiv vermittelt, ein Objektives. Die Welt der Gewordenheit umschließt ihn wie einen Ring. Er, der weder Reichtum noch Macht erstrebt, sondern sich auf apokryph hingedachte Hilfshypothesen gründet und die Leidenschaft zur Möglichkeit bewahren möchte, vor dem Verlangen brennend, diese Möglichkeit zu leben und nicht bereits das Leben in einen Vortod zu verwandeln.

Die Rätsel seiner Vita zu lösen, würde von ihm verlangen, den

Grund seiner Unlösbarkeit anzugeben und damit sich aufzugeben.

Der Exodus in ein Land der Verheißung gibt Zeit, die Himmelsschlüsselblume zu pflücken, frostigen Nachtwind mit dem Morgenschein zu tauschen, das Morgen im Heute zu leben, in Gehorsam einzig gegenüber dem Principium individuationis.

Der Leser begreift die Relativität seiner eigenen Lebensniederlagen, die bei Don Quijote stark ins Komische überzeichnet sind. Es gelingt ihm, Distanz zu sich selbst zu gewinnen, sich mit einem heftigen Ruck zu befreien, zu lächeln, von oben herab, vom Olymp des Humors. Kein heroisches Ich, nein, ein ganz gewöhnliches, alltägliches vom Leben geschlagenes und getretenes Ich stellt sich gelassen dar. Da gibt es kein Klingen scharf geschliffener Mensuren.

Standhaftigkeit und Unbesiegbarkeit des Schwächsten verleihen auch der märchenhaften Legende Chaplins ihre funkelnde Gloriole. Freilich: er bleibt immer der kleine Mann der unzähligen kleinen Siege, ohne den entscheidenden, endgültigen Sieg, der sein Leben ändert. Daraus spricht wieder Tragik und Größe zugleich. Ein endgültiger Sieg würde die Komik seiner Person in Schall und Rauch auflösen. So bleibt er gezwungen, wieder von vorne anzufangen und die Menschen dadurch in einen wilden Freudentaumel zu stürzen. Seine weitaufgerissenen, furchtsamen Augen mit den großen Liedern fixieren nur eines: das nächste Unheil, das um die Straßenecke biegt oder durch einen zerbrochenen Gartenzaun blinkt.

Jeden Augenblick kann es sich verkörpern, in einem Hund, einem Schutzmann, einem Betrunkenen, einem Berufsboxer oder einem schönen jungen Mädchen. Alle Chaplin-Filme lehren es. Das Happy-End als Illusion. Der Zirkus ist abgewandert, der Clown sitzt allein auf dem Feld, unbehaust. Feuchtmehlige Späne erinnern fade an den Zirkel der Manege. Er bleibt der „Pierrot lunaire“, ein Tagbruder des Mondfreundes, traurig und glücklich zugleich, immer wieder aufbruchsbereit zu neuem Wagnis, zu neuer Glückssuche. So stapft am Ende des Films Chaplin kurz auf, rückt sein durchsiebtes Hütchen zurecht und geht, auf einen spindeldürren Spazierstock gestützt, langsam mit schlurfendem Schritt über baumlose Hügel in das aufglühende Morgenlicht hinein, neuen Abenteuern und Enttäuschungen entgegen.

Chaplins Clown unterscheidet sich von den Trampfiguren Samuel Becketts. Sie scheinen noch stärker aller sozialen Einbettung entledigt zu sein und leben gleichsam in einem metaphysischen Reich. Wladimir und Estragon zeigen in „Warten auf Godot“ im Stundenglas verrinnende Zeit, tragen zerfurchte Bowler-Hüte und zerfledderte Hosen. Ihr Brot ist es, die Einsamkeit zu verrichten, sie bleiben sich selbst überlassen. In „Warten auf Godot“ wird eine grausame Dressur am Menschen vorgeführt, wie in einer Zirkusnummer wird er auf einen Teil seiner Natur zurückgeschraubt. Eine verblüffende Analogie zum Ring des Zirkus liegt bei Samuel Beckett in den kreisenden Formationen des Sprechens. Die Akteure mit ihrer rhythmischen Gebärdensprache, die einen wesentlichen Teil der Handlung bestreitet, scheinen austauschbar und doch sehr intensiv miteinander beschäftigt. Als Pantomimen erleben sie eine metaphorisch erzeugte „Follie circulaire“, etwa in der clownesk anmutenden Hutszene in „Warten auf Godot“, in der Estragon mit rotgeäderten Augen den Hut Wladimirs nimmt, darauf Luckys Hut aufsetzt, Estragon seinen Hut mit Wladimirs Hut tauscht und seinen eigenen Wladimir weiterreicht. Pantomime erscheint wieder als die Reinform des Komischen, als ihre Quintessenz. Estragon setzt Wladimirs Hut auf. Wladimir tauscht Estragons Hut mit Luckys Hut, den er Estragon reicht. Estragon nimmt Luckys Hut. Wladimir setzt Estragons Hut auf, Estragon tauscht Luckys Hut mit dem Hut Wladimirs, den er Wladimir wieder reicht. Wladimir nimmt seinen Hut. Estragon setzt Luckys Hut auf, so daß jeder der beiden den Hut des anderen einmal aufgehabt hat und auch einmal Luckys Hut. Der nun anschließende Vorgang des Rücktausches beschließt die Szene, die durch ihren spielerisch experimentellen Gestus besticht. Die Akteure erscheinen als hilflose, leichenhaft verpuppte Flügelkäfer. Das Umsonst der mechanischen Handlung raubt dem Handelnden die Würde. Diese Welt ist nicht. Sie will aber durch den Menschen zur Heimkehr gelangen, einer Sonne gleich über den Kreaturen aufgehen. Hierin liegt ihr Konflikt.

Rebellion und das Absurde bilden eine eigentümliche Verknüpfung. Wir begegnen ihr auch in der Literatur, etwa in Herman Melvilles „Bartleby the Scrivener“ und in Lawrence Sternes „Tristram Shandy“, Lewis Carrols „Alice in Wonderland“ oder in Voltaires „Candide“. Albert Camus läßt Sisyphos den Stein aus der kalkig nackten Ebene in Ewigkeit den Berg hinaufrollen, als würde er ein orphisches Rad treiben: Die Rebellion gegen die Götter wird gestraft, und doch erscheint die von Beulen geplagte bucklige Kreatur zwischen den Zypressenzweigen als ein glücklicher Mensch.

Das Lachen, das aus der Absurdität geboren wird, gleicht einem „frisson nouveau“. Es ist ein dianoetisches Lachen, es ist das Lachen über das Lachen über das Unglück, über das furchtbare Geheimnis von Poes Grube. Es ist der risus purus, der an Demokrits Wort erinnert, das nichts wirklicher sei als nichts.

Becketts Stücke wollen – grau wie Novembernebel – den Zirkus exorzieren. Es riecht nach den feuchten Flanken der Pferde, die Leichenwagen ziehen. Seine Protagonisten verzichten auch nicht auf clowneske Kulisse und Garderobe, wenn sie sich listig den eigenen Kopf stibitzen. Der Diener Clov, der das Maul bis zu den Ohren aufsperrt, wenn er lacht, trägt das komisch veraltete Gewand des reisenden Engländers.

Becketts Stücke sind absurd, weniger durch stete Abwesenheit jedes Sinns – unter dieser Voraussetzung wären sie irrelevant –, sondern durch Verhandlung über ihn. Die Darstellung ist durchherrscht von jenem positiven Nichts als der Obsession einer am Ende eines endlos erscheinenden Tunnels erlebten Sinnfreude. Der Übergang ins Offene erkaltet zu einem Horror vacui, wird zum Sprung ins Leere.

In dieses Fleisch gesteckt sein oder in ein anderes, in diesem Arm oder in einem anderen, mit oder ohne Hände, mit gespaltener Seele neben struppigen Federn, Rasseln, Schellen, Kupferbechern, Armreifen und granitroten Luftballons, es bleibt sich gleich. Die Zeit läuft weiter bis in die lange schwarze Nacht, der fahle Geschmack des Gefühls, ohne Existenz zu sein, klebt auf der Zunge.

Eine Affinität zwischen dem Clownesken und dem Absurden liegt ebenso in den immer gleichen Momenten der Wiederholung, in der Permanenz der Nötigung zur Fortbewegung, die doch stockt. Das Ende des „Wartens auf Godot“ kennt das Ritual des Auf-der-Stelle-Tretens als Grundfigur wie der Zirkus, wo sich die funkelnde Fülle des Augenblicks leicht verkehrt in endlose Wiederholungen, bevor das Capot im Morgengrauen abgebaut wird, die Masten auf die Wagen geladen werden, die auf dem niedergedrückten Gras der Festwiese stehen. Der abgestandene Geschmack des Gewesenen füllt den Mund. Gout de neant.

In Analogie zu Antonin Arteaud stilisiert Beckett menschliche Unzulänglichkeit zur Kunstform. Arteaud selbst suchte das allumfassende Schauspiel, in dem sich Kino, Music Hall und Zirkus begegnen. Er bemühte sich um das Alternieren von Spannung und Entspannung, das seit Jarrys „Ubu Roi" auch zum Bauprinzip des abstrakten Theaters zählte, und vermied die Scheidung von Analysen, Theater und plastischer Welt, von Körper und Geist, von Sinn und Verstand. Clownskomik fand Eingang in sein Theater als einer „Art experimenteller Demonstration der unergründlichen Identität von Konkretem und Abstraktem".

Metaphysische Ideen sollten nicht in direkter Form auf der Bühne erscheinen, sondern durch Luftzuführungen rings um sie eingesogen werden. Diese Poesie gleicht der des Clowns: Sie ist rebellisch in dem Maße, als sie alle Beziehungen von Formen zu ihren Bedeutungen untereinander wieder in Frage stellt – eine humoristische Poesie im Raum.

Gewand und Geste inspirieren die Form

62 Alexander Archipenko, Karussell-Pierrot, 1913. Guggenheim Museum, New York. **63** Paul Klee, Gefangener Pierrot, 1923. Robert H. Tannahill, Detroit. **64** Jacques Lipchitz, Pierrot bricht aus, 1927. Kunsthaus Zürich. **65** Bracelli, Tänzer. Aus: Edition Verve, Paris 1939. **66** Oskar Schlemmer, Triadisches Ballett (Ausschnitt). Staatsgalerie Stuttgart.

62

63

64

65/66

XVII. Melancholie und Gegenwehr

Alta Silentia – Tiefes Schweigen
Vergil, *Äneis* 10,63

Das Clownsleben als Apotheose einer betrogenen Existenz?

Footit und Chocolat, der weiße Clown und der stets verblüffte schwarze August des Pariser Nouveau Cirque, waren in den dreißiger Jahren ein eingespieltes Paar. Eine Szene machte sie berühmt. Chocolat hat brennenden Durst. Footit, der Weißclown, fragt schroff, „Hast du Geld?“ – „Nein“, antwortet Chocolat mit achselzuckender Tristesse. „Dann hast du auch keinen Durst.“

Jean Gaspard Debureau vom Theatre des Funambules in Paris besuchte eines Tages einen Arzt und beklagte sich über seine anhaltende Schwermut. Der Arzt riet ihm, zur Entspannung ins Theater zu gehen und sich den berühmten Clown anzusehen. Er zuckte entsetzt auf und schrie: „Aber ich bin Debureau!“ Die Beispiele machen Sinn.

Die Innenseite des Spaßes scheint sich nach außen zu kehren. Die Freude des Clowns in der Arena fällt wie ein schwerer, matter Schatten auf ihn zurück. Er tanzt auf dem Vulkan, aber er tanzt.

Dem professionalen Spaßmacher steht der private Melancholiker gegenüber.

Charlie Chaplins Figur Calvero, ein alternder Clown in „Limelight“, kennt das Gefühl einer Melancholie, die auf leisen Sohlen läuft, wie Marcel Proust es formuliert hat. Seine Fähigkeit, die Außenwelt herbeizuzitieren, schützt den privaten Clown nicht vor den Schwingungen jener melancholischen Schaffenshemmung, die mit subjektiver Trostlosigkeit hinter den Schlagläden gepaart ist.

Seit Petrarcas Dialog „De secretu conflictu curarum suarum“, in dem er das Phänomen der Melancholie beschrieben hat, interessieren sich nicht nur Theologen des Mittelalters für das Phänomen, nicht nur die Theoretiker „des mal du siecle“ oder der Wertherkrankheit des 18. Jahrhunderts.

Als Ergebnis des clownesken Titanenkampfes bleibt private Melancholie zurück – die Acedia. In dieser Stimmung wird das wirkliche Leben zum Phantasma. Der Clown durchschaut seine private Nichtigkeit, ohne sich ihr entziehen zu können, wenn er vergißt, was ihm seine Stärke gibt: ein Clown zu sein. Der Angst vor der privaten Aktion entspringt die Zurückgezogenheit seiner Lebensform, sie wird zum Bestandteil seines melancholischen Welterlebens.

Der fortschreitende Abbau der von Pareto so genannten Handlungsunfähigkeit endet im selbstgewählten Rückzugsverhalten. Melancholie mündet in Ordnungsflucht. Zuweilen scheint der Clown in seinen dionysischen Wesenszügen der Hamletfigur zu gleichen, wenn er aus seiner komischen Rolle geschlüpft ist und einen Blick auf das wahre Wesen der Dinge geworfen hat, auf eine Welt, die aus den Fugen geraten ist. Im Bewußtsein seiner privaten Tristesse, die im krassen Gegensatz zu dem Glanz des Auftrittes steht, erkennt er das Entsetzliche und Absurde des Seins, er versteht das Symbolische im Schicksal der Ophelia, er begreift die Erkenntnis des Waldgottes Silen: es ekelt ihn und er sucht wieder Zuflucht in der Imagination der Arena.

Die Verbindung von Narrentum und Melancholie klingt bereits bei Petrarca an, der angesichts der Vergeblichkeit allen Schaffens den Rückzug des Weisen aus der erfahrbaren Welt bedenkt. Auch Demokrit versagte sich bereits der Welt, seiner Zeit spottend, zog die Einsamkeit als Melancholiker vor und ließ sich freudvoll mit dem Makel des Narren behängen. Richard Burtons monumentale „Anatomy of Melancholy“ 1624 führt die traditionelle Verknüpfung von melancholischem Weltempfinden und Narrheit fort. Begriffe wie „normal“ und „abnormal“ werden in konvexen und konkaven Spiegeleien aufgelöst, und die Figur des „Niemand“ wird als Protagonist einer Vita solitaria auf der Flucht vor dem Ritual der Alltäglichkeit gesehen, vor der dumpfen Gewalttätigkeit des Gewöhnlichen.

Seit Plato wurde der Melancholiker mit dem Signum genialischer Begabung ausgezeichnet. Bei Aristoteles findet sich die Verbindung von Melancholie und künstlerischem Ingenium. Marsilio Ficino deutete in der italienischen Renaissance die Melancholie des Genius als dem Phänomen verwandt, das Plato mit dem Wort Manie – eine göttliche Gabe gleich der Besessenheit – als Wahrnehmung des Grenzenlosen erkannt hatte.

Molière beschreibt in der Figur des Alceste im „Misanthrope“ einen Menschen, der den Normen der Gesellschaft gehorcht und doch durch eine frei gewählte Absonderung seine Menschenfeindschaft und Abneigung gegen Regularien einer aristokratischen Welt, gegen das Stockende in der Dingwelt zum Ausdruck bringt. Ein Mann des Hofes, sich in Höflichkeiten windend, erreicht nur den flachen Kompromiß.

Hans Mayer begreift Jean Jacques Rousseau als einen Narren, Melancholiker und Misanthropen zugleich, der diesen Widerspruch zu balancieren sucht: „Herrschaftsdenken von bürgerlichen Jedermännern, welche den Ehrentitel eines ‚Citoyen‘ anstrebten – und melancholische Einsamkeit des Sonderlings auf der Peterinsel im Bieler See, des ‚promeneur solitaire‘!“ Hier wird Rousseau gleichzeitig als Narr wie als melancholischer Genius gewertet, als wissenschaftlicher Lügenmeister wie als öffentlichkeitssüchtiger Eremit.

Das typisch clowneske Element findet sich in der widersprüchlichen Verknüpfung von melancholischem Einsamkeitsbedürfnis und Kampfansage an die Opferlasten und Octroi jeden Ordnungsprinzips. Wie ein Kyniker will er dem Chaos der Umstände doch eine Freiheit des Handelns gegenübersetzen – doch es gelingt nicht immer.

Die Gegenprobe läßt sich im Bereich der Kunst antreten: im Gründungsmanifest des Futurismus, bei Filippo Marinetti, tritt der Zusammenhang von Handlungsbetontheit und melancholischem Weltempfinden auf.

Im Surrealismus verbindet sich hingegen Melancholie mit Traum, Heimweh nach dem verlorenen Paradies ist verknüpft mit der Abneigung gegen Aktion. André Breton offenbart im „Manifest du Surrealisme“, daß er praktisches Tun und Handeln als würdelos, ja entehrend empfindet. Die Sehnsucht nach verlorenen Paradiesen darf als antifuturistisch gewertet werden und entspricht der melancholischen Neigung zu Vergangenem.

Melancholie, auch die der Clowns, bedeutet immer Weltverlust, eine Reise in die Labyrinthe der Innerlichkeit, die im Lichtkegel der Manege endet oder vor dem Spiegel des Schminktisches: auch Dorian Gray stirbt allein. Sie stellt eine tiefe Verstimmung dar und kann zur Aufhebung des Interesses an der Außenwelt führen. Artistische Exzentrizität und in sich gekehrte Innerlichkeit gehören untrennbar zusammen.

Im monologischen Gesang auf die Welt von 1917 nennt sich schon George Grosz den „traurigsten Mensch in Europa! Ein Phänomen der Trauer“. Der traurige Spaßmacher, der Pierrot, wandelt sich zum selbstbekennenden melancholischen Einzelgänger, der mit Zynismus und Ironie Realitätssüchtigkeit simuliert: „Steifer Hut . . . schlapper Hund!!!!“ Der Bezug zu Chaplins Melone ist nicht zu übersehen. Der Clown als Edeldadaist? Der Dadaist Hans Arp feiert 1948 den Träumer ungestüm als Helden und wittert in jeglichem Harmonieideal eine Anbiederung an die mechanisch verwaltete Welt. Je weiter die reale Naturbeherrschung fortschritt, desto sinnwidriger erschien es seiner Kunst, dieses Fortschreiten in sich selbst zu bekennen. Der Träumer wird zur vereinsamten, wahnwitzigen Christusfigur und erinnert an die Deutung Don Quijotes bei Cervantes, die empirische Unmöglichkeit des geschilderten Leugnens. Hanne Bergius zitiert in „Unter der Maske des Narren“: „Nur wenige Träumer opfern heute noch ihr Leben, um den klaren Weg gehen zu können. Sie essen schlecht und schlafen hart. Sie leiden unter Hitze und Kälte. Doch wenn die lichten Fittiche sie umrauschen, versinkt alle Pein ihres Lebens, und in ihren armen Zellen künden und singen sie dann von dem wirkliche Samen, von dem wirklichen Leben!“

Das Gefädel, das organisatorische Ineinander wird durchbissen. An seine Stelle tritt ein befreites Triebleben der Farben und Klänge.

Auch André Breton anerkennt im Traum und im absichtsfreien Spiel der Gedanken eine mächtige Kraft zur Lösung der gestell-

Clownerien der Künstler

67 Der Dada-Künstler und Fotograf Erwin Blumenfeld. Mein erstes Selbstporträt als Pierrot, 1911. Aus: Hendel Teicher, Blumenfeld – Meine 100 besten Fotos. Bern 1979. **68** Dali mit Ludmilla Tscherina, 1961. Ullstein-Popper. **69** Oskar Schlemmer als Musikalischer Clown, 1928. Bauhausbühne Dessau. Ullstein. **70** Pablo Picasso, Bemaltes Foto. David Douglas Duncan.

67

68

69

70

ten Lebensprobleme. In diesem Sinne verweigert sich der Clown dem Bedürfnis, verstanden werden zu wollen, er sucht vielmehr die Freiheit des Unverstandenen, da er als unwillkürliche Folge des Verstandenwerdens eine Versklavung und überstarke Hinwendung an seine Peiniger empfindet. Dieses Moment tritt im Absurden seiner Darstellung ebenso auf wie in seiner Elegie, für die mit seinem Weltverständnis Pierrot als verträumt-leidendes Beispiel steht. Er scheut sich, das Dasein als Endspiel zu verstehen, und bevorzugt den Entwurf einer Möglichkeit über die Grenzen der Empirie hinaus. Bazon Brock spricht in seiner „Ästhetik als Vermittlung" 1968 vom permanenten Maskenzwang in der Unausweichlichkeit seines Bannes und erkennt, „daß heute der Rollendruck so groß ist, daß der Karneval überflüssig geworden ist, weil die Maske überflüssig geworden ist und wir alle die Opfer sind."

Die Verwandtschaft zwischen dem acte gratuit der Dadaisten und dem Gestus des Clowns liegt in der willkürlichen, kostenlosen Aktion als einem Geschenk der Poesie. Das Entfalten des Auftritts erscheint als Nachleben der inneren Dynamik. Absurdität soll hierdurch verkehrt werden in die Idee freier Entscheidung, die Bedrängnis in Befreiung, freigesetzt durch einen élan vital im Sinne Bergsons, der grundsätzlich nichts anderes will als ein Phänomen zu erreichen, das Joseph Beuys als Energiestrom bezeichnet hat.

Hanne Bergius zitiert Tristan Tzara: „Weg mit den Schubladen, denen des Hirns und denen der gesellschaftlichen Organisation ... Die schöpferischen Kräfte müssen wieder herrschen, und in der Phantasie eines jeglichen Individuums muß sich wieder das Riesenrad des Weltzirkus drehen."

In aktueller politischer Spiegelung entspricht dieser Forderung wieder Michel Colucci, genannt Coluche, jene clowneskkomische Figur, die sich in den Wahlen 1981 in Frankreich als Präsidentschaftskandidat nominieren ließ, um durch diesen „acte gratuit" die hohle Phraserie des tagespolitischen Pathos zu entblättern. Der Narr erscheint wieder in der Rolle des Anwalts der Gegenwelten und breitgefächerter Utopien, und wieder besitzt seine Aktion ein hohes Maß an politischer Brisanz. Begreift man dies Werkzeug als einen verlängerten Arm, so könnte man die Kunst des Clowns ein verlängertes Werkzeug nennen, eines des Überganges von der Potentialität zur Aktualität. Tinguely ruft: „Seid frei, lebt, hört auf, Zeit zu malen, Kathedralen und Pyramiden zu bauen, die zerbröckeln wie Zuckerwerk. Atmet tief, lebt im Jetzt, lebt auf und in der Zeit für eine schöne und absolute Wirklichkeit. Freiheit ist vom einzelnen gesehen ein Ding, das man sich mit räuberischen Mitteln erobern muß. Die Freiheit mußt du dir stehlen."

Das Zwischenreich, in dem der Clown seine Unbehaustheit als Paradoxon ansiedelt, nicht Groteske, nicht Satire, auch keine reine Komik, sondern eben das Kraftfeld der Clowneske, übte zwangsläufig auf die Dadaisten eine Faszination aus, da in ihm jeder zopfige Rationalismus ausgefegt wurde, um in imitatorischer Praxis das Telos zu fordern.

Foucaults zitierte Sicht spätmittelalterlicher Zustände in „Wahnsinn und Gesellschaft" konveniert mit dem Theorem des Dadaismus, Leben und Tod seien gleich und eins, und das Leben hebe sich selbst auf. Am Ende ist die Entfaltung eins mit dem Zerfall: „... Man entwaffnet die Angst im voraus, macht sie zum Objekt des Gespötts, indem man sie in jedem Augenblick während des Schauspiels erneuert ... Die Zerstörung durch den Tod bedeutet nichts mehr, weil sie bereits alles bedeutet, denn das Leben selbst besteht nur aus Abgedroschenheiten, hohlen Worten, leerem Geklingel und Narrenschellen."

Die Behandlung des Todes im Dadaismus trifft sich mit tragenden Merkmalen des Narrenspiels in seinen nicht nur aufs pure Diesseits gerichteten Gebärden. Der Tod in seiner die Existenz überschattenden Gewalt ritzt die Fassade bürgerlicher Lebensformen an ihrer Oberfläche auf und scheut sich nicht, selbst Kunst als Schein, Lüge und Doppelbödigkeit bloßzustellen.

In den „Stillen schizophrenen Sonetten" Hugo Balls ist diese Verdrängung in Verse gegossen. Vor einer von Irrlichtern geisternden zertrümmerten Welt der Systeme, vom Zufall beherrscht, ziel-, sinn- und zweckentfremdet, demonstriert es die Hinfälligkeit der Empirie des Einzelwesens.

Dada kommt Huizinga nahe in der Erkenntnis, „daß im Spiel eine Form gefunden ist, in der alle höheren Fragen entwickelt sind".

Die Entfesselung des Elementarischen soll eins werden mit der Befreiung des Subjekts. Hannah Höch verkleidet sich in einer Zone des Zeitlosen als Arlecchina, stiert auf eine mattschwarze Dadapuppe und wirft sich in Narrenpose, in verblüffender Analogie zu Hans Holbeins graphischer Darstellung von 1515 „Ein Narr, der den Narren zu bewundern scheint". Das Erhabene schlägt am Ende in sein Gegenteil um, vom Erhabenen zum Lächerlichen ist nur ein Schritt. Dada täuschte eine scheinbare Anpassung vor durch einen marktschreierischen Habitus und hielt den Bürger zum Narren. Die Dadaisten forderten ein „Ministerium des Geistes" oder eine „Gesellschaft zur Erforschung der dadaistischen Sprache" und die Veranstaltung clownesker „Weltkongresse". Im Cabaret Voltaire rief Dada zum Chaos auf, steppte zum Rhythmus rotierender Brüste der Tänzerinnen, fidelte Janco eine imaginäre Geige, schlug Huelsenbeck stakkatohaft die stramm dröhnende Kesselpauke als Ausdruck perennierenden Unheils, während Hugo Ball ihn kreidebleich und schülerhaft mit verklärtem Blick am Klavier begleitete. Walter Serner, als der literarische Kopf der Truppe, wollte lediglich noch in einem Kahlschlag „der Welt einen Tritt verpassen". Hans Arp kommentierte die raison d'être schlüssig: „Ein schabernakalisches Scheinmanöver."

Die futuristische Auffassung von Variété, wie sie Marinetti 1913 mit dem sprachlichen Habitus des So- und-nicht-anders-Seins festschrieb, rechtfertigt einen Vergleich dadaistischer und clownesker Elemente. Beide wehrten sich dagegen, Freiheit kupieren zu lassen. Mit der expressiv-mimetischen Stoßkraft wurde eine Revolte gegen die Technik angezettelt:

„Siedekessel allen Gelächters, allen Lächelns, allen Hohngelächters, aller Verrenkungen und aller Grimassen der künftigen Menschheit." Ähnlich dem Clown bedurfte auch der Dada-Künstler der Verflochtenheit in die Gesellschaft, des stumpfen Drucks des social body als eines Gegengewichts zu seiner Narrenexistenz, der Furcht vor einer Verdinglichung des Lebens. Gewarnt vom Schicksal des alternden Clowns schüttelte er, in Konkordanz mit der eigenen Zielsetzung, nach wenigen Jahren auf dem Gipfel des Erfolgs die akkumulierten Leiden trotzig ab. Wie mit Bocksprüngen des Aristophanes löste er sich aus der Todesstarre der Gesellschaft und entschied sich für eine überlegte Melange aus Clowneske und Buffonerie. Walter Serner wählte in klarer Konsequenz aus seinen literarischen Forderungen einen schelmischen Abgang, verschwand aus der bürgerlichen Existenz und ward nicht mehr gesehen. Seine Tat bleibt ein kanonisches Werk, ein Signum dadaistischen Habitus' und clownesker Kunst.

XVIII. Der aufsteigende Kontrast als Katharsis

Das Leben ist ein Traum
Calderon

Buster Keaton fällt und bleibt an dem großen Zeiger hängen, Bud Abbot schnellt in der Sekunde auf, als das Gespenst an der Wand nach ihm greift, der alte Powenz Burlet von einem Meteor getroffen: das Verlangen nach Begründung wird hinfällig. Der rettende, schöpferische Zufall ähnelt dem Sterntalerereignis. Aus der abgründigen Willkür der wirkenden Lebensmächte zaubert die Komik Unwahrscheinliches hervor. Der schöpferische Zufall ist Stilmittel und Quelle des Komischen: Clowns lesen, die Zehen einwärts gestellt, Münzen auf. Jedesmal, wenn sie sich in der Arena bücken, hupt es. Sie sehen einander erzürnt und strafend an. Plötzlich hört das Hupen auf. Große, jubilierende Freude. Als sich nun alle gleichzeitig bücken wollen, bricht ein schrilles Hupkonzert los. Komisch kontrastierend erscheint die geheimnisvolle Verknüpfung zweier unabhängiger Sphären. Die Clowns bedeuten uns so viel, weil sie an den Zufall als eine kalkulierbare Größe glauben.

Ihr Versagen führt eine kathartische Wirkung mit sich: der schlotternde Chaplin hat die Ritzen einer Berghütte mühsam verstopft, da fegt ein tosender Windstoß die ganze Hütte fort und läßt seine Existenz als eine clowneske Variante des Sisyphosschicksals erscheinen. Wieder entsteht der komische Kontrast in der Nichterfüllung einer Erwartung.

Der Musikclown rückt eine Haartolle zurecht, schiebt den Mund vor, läßt den Unterkiefer mit einem Flapp herunterklappen und setzt zum zehntenmal die Klarinette an. Gleichzeitig nimmt der August das furnierte Hackbrett mit den Silbernägeln, stößt kurze, schrille Laute aus und psalmodiert dazu mit einer fremdartigen Monotonie auf dem weiten Trümmerfeld seiner harmlosen Unternehmungen. Was jeder Kreatur erlaubt ist, will nicht gelingen: ungestört ein Lied trällern.

XIX. Existentialistische Züge des Clownesken

Smallest happiness of the greatest number
Jeremy Bentham

Im gewissen Sinne läßt sich die clowneske Grundbefindlichkeit existenzphilosophisch deuten, etwa im Sinne von Kierkegaards „Entweder-Oder". Es ist verwunderlich, daß der Analyse der Komik in der Existenzphilosophie kein hoher Rang eingeräumt wird, da gerade in tragischen Existenzmomenten eine komische Dimension verborgen liegt.

Chaplins Monsieur Verdoux hat die Moral eines Menschen, der „auf Vorrat, bis auf weiteres lebt" und zum Schluß zur Opferfigur der Weltwirtschaftskrise wird, „hineingehalten ins Nichts", wie Martin Heidegger es formulierte.

Die Vereinzelung ist Merkmal clownesker Lebensform und der ihr entsprechenden philosophischen Bestimmung. Der Clown erkennt die Welthindernisse, die sich wie eine Phalanx vor ihm aufbauen. Im Versuch, vor der Undurchdringbarkeit dieser Hindernisse den Geist immer über die Mauern des Außen schwingen zu lassen, erringt das clowneske Leben existentialistische Züge.

Der Clown bleibt ein einzelner, auch wenn er in Gruppen, wie die Fratellinis, auftritt. Jeder der drei ist anders kostümiert und im Spiel mit seinen Mitspielern nicht verbunden. Diese Unverbundenheit trennt auch die Welt der Dinge: es kommt zu Stößen, Schlägen, Scherben.

Die Clowns sind Herren von allem, was sie zerschlagen. Warum eine Achtung vor zerbrechlichen Dingen? Was sie nicht zerschlagen, könnte sie beherrschen, sie zerstören. Die Unverbundenheit verhindert jedoch gleichzeitig, daß etwas Ganzes zertrümmert wird. Es bleibt bei Teilen, die wieder ersetzbar sind, wie ein Stapel Teller durch neues Porzellan.

Der Clown vollzieht im Entwurf seiner Möglichkeiten auch die Wahl seiner Möglichkeiten, sich wählen und sein sind eins. Auch die Nicht-Wahl bedeutet Wahl, und heißt für ihn, dazu verdammt zu sein, sich wählen zu müssen, und in letzter Konsequenz, verdammt zu sein zur Freiheit. Die clowneske Existenz ist nicht geschenkt, sondern muß durch Wahl erst verwirklicht werden. Freiheit, Wahl und *Nichtung* im Sinne Heideggers sind so identisch. In der *Nichtung* vollzieht sich für den Clown die *Zeitigung* des Daseins als Entwurf auf sein persönliches Ziel. Sein Zögern, seine Angst wird zum Beleg dafür, daß er sich in seinem Sein nicht immer gesichert fühlt. Seine Existenz entspricht seinem künstlerischen Ausdruck in dem Bewußtsein, daß seine Existenz stetig auf dem Spiel steht und nicht endgültig gesichert werden kann. Der Clown bemüht sich um die Lösung des Seinsproblems, indem er den Entwurf selbst lebt. Hierbei gilt für ihn, was Jean Paul Sartre in „Das Sein und das Nichts“ formulierte: „Das Für-sich-Sein ist erst durch Nichtung des An-sich-Seins möglich.“ Clowneske Freiheit ist demnach aus dem Nichts geschöpft, die in der Person des Clowns zu einem Gewesenen wird. Zur Freiheit verdammt zu sein heißt für ihn nichts anderes, als sich stetig einsetzend zu entwerfen. Freiheit als Selbstbestimmung durch den Entwurf ihrer selbst, Freiheit als etwas nicht Gegebenes, sondern zu Erwerbendes, etwas im Vollzug Entstehendes, das die Möglichkeit offen läßt, den Grundentwurf wiederum in Frage zu stellen oder zu bestätigen, im Bewußtsein des Lebens als einer Form des Scheiterns.

Clowneske Freiheit wird so durch die Verwirklichung des Entwurfs erfahren, in einer Widerstand leistenden Welt. Dieser Widerstand darf nicht beseitigt werden, er ist von jeher – als die Gegenordnung bereits in den indianischen Mythologien und den römischen Saturnalien vorhanden – Conditio sine qua non für die Verwirklichung clownesker Freiheit. Der Weg vom Zeitpunkt der Setzung des Ziels bis zum möglichen Erreichen geht über das Gegebene als jener puren Kontingenz, „an deren Vereinbarung die zur Wahl werdende Freiheit sich erprobt“. Clowneske Freiheit bedeutet immer Selbstbestimmung am Gegebenen. Im Zusammenspiel von Freiheit und Faktizität bemüht sich der Clown, das eigene Selbst im Entwurf seiner selbst zu erlangen. Da er sich dabei wählen muß, um sein zu können, entzieht sich dieser Vorgang seiner Verfügungsgewalt. Martin Heidegger hat in „Sein und Zeit" den Begriff der Geworfenheit geprägt und darauf verwiesen, daß der Mensch im Entwurf des Daseins ein Geworfener ist, daß der Entwerfende nicht Grund seiner selbst ist. Sartre überträgt das Geworfensein auf die Vorstellung der Freiheit selbst. Daß ein Mensch als freies Wesen existiert, darüber kann er nicht entscheiden, dazu ist er eben verdammt. Auch dem Clown steht es nicht frei, nicht frei zu sein.

Freiheit erscheint so nur als wirkliche Freiheit in dem Maße, wie sie das Geworfensein als ihre Beschränkung erkennt. Gerade das augenscheinliche Zerbrechen an der force des choses und ihre Überwindung ist aber Ausdruck und Signum clownesker Existenz. Er wählt die Möglichkeiten, durch die er zu sich selbst zu finden sucht und verwirft die „Uneigentlichkeit" in Gestalt verordneter Möglichkeiten.

Die clowneske Form existentieller Sinnfindung versteht sich als Versuch, das Dasein in seiner möglichen Eigentlichkeit und Ganzheit ans Licht zu bringen. Dabei bleiben im Vollzug des Weiterstolperns Mißlingen und Erfolg stets eins durch die Möglichkeit des Selbst-Seins.

XX. Stigmata des Aussenseiters

Was schmiedest du, Schmied?
Wir schmieden Ketten, Ketten!
Ach, in die Ketten seid ihr selbst geschlagen!

Friedrich Rückert, *Geharnischte Sonette Nr. 3*

In ihren zerrissenen Flanellwesten oder unter ihren geschrammten, schwarzen Zylindern existieren Clowns ohne Weltverbundenheit – gänzlich außerhalb jeder Ordnung. Gemeinsam ist ihnen die bewußt oder unbewußt vollzogene Torpedierung jeglicher Standards und Konventionen. Sie stellen alle Arten des sozialen Fehlverhaltens in den Dienst der Komik.

Schleiermacher formuliert in seiner Ästhetik: „Eine komische Person ist ein jeder, der sein Verhältnis zum Ganzen in sich nicht aufgenommen hat.“

Bereits die Schaubühne der antiken griechischen Kultur kannte den Außenseiter. Die pfauenhaften Komödienhelden bei Aristophanes sind willentliche Einzelgänger. Trygaios oder Lysistrate beschreiben Parabeln des Vernünftigen inmitten allgemeiner Unvernunft, selbst wenn sie von ihrem komödiendichtenden Schöpfer, der einem pontifikalen Richter gleich als Sprecher des Normalen auftritt, der Hinfälligkeit bezichtigt und als aus dem Kontinuum des Erlebnisstroms gestoßene Individuen betrachtet werden, Albernheiten sammelnd in fragwürdiger Kadenz. Das existentielle Außenseitertum erfährt hier insofern eine frühe Ausgestaltung, als die Protagonisten unter dem Fluch der Götter zu stehen scheinen, aber tragische – weil unauflösbare und in der Notwendigkeit unausweichliche – Konstellationen nicht gewollt waren.

Der mit Wahnsinn gestrafte Aias, die Labdakiden in Theben, die unter dem Fluch stehenden Atriden zu Argos, der aussätzige Philoktet, die von Dionysos verblendeten Bacchantinnen, der verblendete Xerxes bei Aischylos, die stolze Antigone bei Sophokles, Medea oder Herakles bei Euripides – sie alle sind Archetypen des Außenseitertums, tragen Züge des out-laws. Hans Mayer gesellt ihnen Shylock und Eulenspiegel oder Don Quijote hinzu.

Manege und Bühne

71 Jean Renoir, Zirkusclown, 1868. Sammlung Kröller-Müller, Den Haag. **72** Georges Seurat, Le cirque. Musée du Louvre, Paris. **73** Ernst Ludwig Kirchner, Zirkusreiterin, 1912. Kunstkabinett, Stuttgart. **74** Honoré Daumier, Senkt den Vorhang, die Farce ist zu Ende. Lithographie 1834, Bibl. Nationale, Paris. **75** Edward Hopper, Two Comedians, 1965 (Ausschnitt). Collection Mr. and Mrs. Irving Mitchell Felt, New York.

71

72

73

74 /75

Gemeinsam ist ihnen allen das Stigma der Fremdheit in der bestehenden Gemeinschaft. Die Verurteilung vollzieht sich weniger durch eine feindliche Dingwelt als vielmehr durch ihresgleichen. Don Quijote verwirklicht seine imaginäre Feudalwelt inmitten allgemeiner Verbürgerlichung, indem er die verhüllte Identität des Inneren erkundet. All diese Figuren sind Charaktere, die Ernst Bloch als Leitfiguren der Grenzüberschreitung bezeichnet hat.

Don Quijote lebt ein seltsames Amalgam aus anachronistischem Widerspruch und Utopie. Der Alltag läßt Prügel regnen, die ihn dennoch nicht erziehen können. Don Quijote bleibt durch Erfahrung unheilbar, weil auch die Erbärmlichkeit nicht gegen die Traumschicht, „die allein einleuchtende und verschüttetwartende", aufzukommen vermag.

Es ist gemeinsames Merkmal all dieser Figuren, daß sie sich als Grenzüberschreitende vom einzelnen Drama, vom konkreten Zusammenhang zu lösen vermochten.

In der Umkehr aller erwarteten Werte, im Widerstand gegen die Tyrannei der Erwartung führen Clowns eine verdeckte Rebellion. Sie sind die Widersacher, stehen für die Anarchie, erkennen in Schattenumrissen Freiheit in Armut, ja im Leiden.

Der Clown – als Vorkämpfer gegen das Zweckdenken, als Opfer der Umstände, als Mensch ohne Heimat – lebt für den Selbstzweck.

Das Dasein von Gauklern und Clowns war mit der untätigen Betriebsamkeit des Besitzens, mit dem allgemeinen „Enrichissez vous" der bürgerlichen Gier nie in Einklang zu bringen.

Die europäischen Nachfahren orientalischer Gaukler, die mit dem Erstarken der christlich-abendländischen Gesellschaft die Aura magischer Wertschätzung aus der vorchristlichen Zeit einbüßten, zählten zum fahrenden Volk, wurden bereits in der mittelalterlichen Standesordnung zu den Verfemten gezählt, zu den Totengräbern und Henkern, Spielleuten, Huren und Bettlern.

Die Landfriedenserlässe des 13. Jahrhunderts stellen Gaukler, die außerhalb ihrer Heimatpfarre auftraten, ausdrücklich extra pacem. Das sächsische Weichbildrecht sagt: „Spielleut und Gaukler sind nicht Leut wie andere Menschen, denn sie nur ein

Schein der Menschheit haben und fast den Todten zu vergleichen sind."

Die Ausübung ehrbarer Berufe war den Fahrenden untersagt. Das Bayerische Landrecht von 1553 wie das von 1616 legten explizit fest, daß ein Kind enterbt werden konnte, wenn es einer Gauklerfamilie entstammte. Noch das 18. Jahrhundert kannte Geldbußen für Personen, die Fahrende bewirteten oder gar beherbergten.

Die Rechtsstellung der Clowns und anderer Zirkusleute war im deutschen Sprachraum seit dem Mittelalter unmittelbar mit dem Ehrbegriff verknüpft. Wer nicht im Heer und Bürgertum furchtlos gefochten und gelitten hatte, gehörte keinem Stand an und wurde wie eine Pariagestalt geächtet. Weil es außer dem bürgerlichen keinen anderen formalen Ehrbegriff gab, blieb der Clown aus dem Reich der Ehre verstoßen. Das schwäbische Landrecht kodifizierte die vollständige Rechtlosigkeit. Die Landfriedenserklärungen von 1244, 1256 und 1281 schlossen alle Fahrenden aus und erklärten sie de jure für ebenso vogelfrei wie Henker und Schinderknechte, mit denen sie rechtlich auf einer Stufe standen: man konnte sie erschlagen, ohne Straffolgen fürchten zu müssen. Der Zampano in Fellines „La Strada" zelebriert seine Heimatlosigkeit auf dem Stein der Straße als dem einzig verfügbaren Ort, den eine Gesellschaft dem Fahrenden zuweist.

Clowns sind Figuren des Mangels. Sie sind aus der Welt der besitzbaren Werte verstoßen. Sie kehren der schützenden Geborgenheit der bürgerlichen Welt absichtlich den Rücken und demonstrieren Einsamkeit im öffentlichen Trubel.

Das geölte Tauschritual der Wirtschaft, das sich bis in den privaten Bereich eingeschlichen hat, ist ihnen fremd. Als Spötter der Wirklichkeit wahren sie ihre Freiheiten, imitieren den Kapellmeister, werfen den Kunstreiterinnen in ihren schiefen Tanzgürteln flinke Kußhände zu und werden mit kaltem Schweigen und Gleichgültigkeit belohnt.

Sie revoltieren gegen die Langeweile jedes verordneten Systems, gegen stumpfe Pietät und müde Hoffnung, gegen den beängstigend reibungslosen Ablauf, gegen fugenlose Totalität, die Schlupflöcher verbaut und Spontaneität als nicht planbar verdammt. Jacques Tati zerstört den modernen Rasenmäher, bevorzugt rostige Sensen, stakst trotzend mit zu kurzen Hosen über vollgestopfte Avenues.

Durch die Verlagerung der Gravitäten und Orientierung vom Kopf hin zum Körper, befreit von einer schlangenhaften Apathie, vom Druck des rationalen Zweckdenkens, auf der Suche nach der eigenen Mitte, voll der Inspiration will der Clown sich und seine Welt aus eigener Kraft erschaffen. Überträgt man seine widerspenstige Haltung in das weite Planquadrat der Kulturgeschichte, erhält sie politische und kulturelle Brisanz: in der historischen Retrospektive werden die als Heroen gepriesen, die den Mut hatten, einer Vision nachzugehen, auch wenn sie aus blechernen Näpfen aßen. Der Rebell, Nonkonformist, Individualist, Häretiker oder Renegat einer früheren Zeit wird zum gefeierten Helden der Gegenwart. Galileo Galilei oder Giordano Bruno mußten es spüren.

Gewagtes, durchschlagende Anstöße, Innovationen können vielleicht nur von unabhängigen Kräften erwartet werden, die nicht eingepaßt sind in die tragenden Kulturinstitutionen. Aus kritischer Distanz läßt sich deren knebelnder Eigenmechanismus, die erzwungene, resignierte Anpassung an sie vielleicht überwinden. Gerade in diesem Sinne wird der Clown zum „konstruktiven Anarch“. Hannah Arendt weist darauf hin, wie dicht die Trias aus Individuum, Reflexion und Gesellschaft verknüpft ist. In ihr verkörpern sich nur verschiedene Stadien des gleichen Vorganges. Die Reflexion hat auch dann gesellschaftlichen Bezug, vielleicht gerade dann, wenn das Individuum zum Rückzug aus der Gemeinschaft entschlossen ist. Hierin erreicht die Rolle des Clowns politische Dimensionen. Eine Kultur, die Phantasien und Utopien nicht mehr unmittelbar integrieren kann, braucht Clowns, die verbotene Passagen vermitteln, die an der Schwelle stehen und zu einer neuen Ordnung führen wollen, die mit sprachlosen Lippen den Zuschauer dem gegängelten Leben festgeschriebener Normen entreißen.

Der Mensch zeigt sich frei in der Erwartung von Überraschungen. In Augenblicken vermeintlicher Torheit decken Clowns das Verhältnis von Raison und Revolte, Gehorsam und Ungehorsam auf, das für jede Kultur einen Kern der Ursprünglichkeit und

Quelle der Erneuerung darstellt. Keine Kultur vermag ohne dieses Wechselspiel, ohne eine Form kreativen Ver-rücktseins zu überleben.

Ver-rücktheit kann zu einer Art Gegenvernunft werden, einer Art Erkenntnis, die ihre eigene Sprache spricht – die des Schweigens. Eine Gesellschaft bestimmt lautstark, was als normal zu gelten habe, und stempelt rasch eine Minderheit als verrückt ab, um sich der aggressiven „Normalität" der Mehrheit zu vergewissern. Der Clown sucht keine Bewährung innerhalb der enggesteckten Grenzen dieser Normen, keinen bußfertigen Frieden, sondern menschliche Würde in einer Welt jenseits aller quantifizierbaren Werte. Er erinnert an den greisen Sokrates, der die Welt freudig ins Chaos stürzt, um in den zerborstenen Trümmern eine Neubestimmung jener Welt anzustreben. Was immer er zerschlägt, es geschieht in friedvoller Absicht. Ein sittlicher Wert wird als Protest gegen die Unzulänglichkeiten eines menschlichen Ordnungsgefüges gesetzt.

Das Unterlaufen des normierten Sinns wird zur Signifikanz: der August gibt vor, vom Trapez zu springen, die Fratellini verfolgen in ihrer berühmten Nummer den Scheinwerferkegel, der sich windend quirlig durch die Arena dreht, und als dies nicht gelingt, versuchen sie den Lichtfleck wegzuputzen, dann ihn mit einigen Nägeln am Boden festzuhämmern. Der Nichtsinn wird zum Träger des eigentlichen Wertes, der in einem Lachen versteckt ist, das Walter Benjamin als das im sozialen Sinne Wichtigste, aber auch Gefährlichste umschrieben hat.

Clowns machen sich eine Freude, durch prälogische Paradoxien zu verblüffen und uns verwirrt zurückzulassen. Aus tiefem Grund auftauchendes Lachen kennzeichnet den Kampf gegen das satte Phlegma des Menschen, der gut gegessen hat.

XXI. Künstler Clown: Zur Metaphysik des Auftritts

My honest scholar, we are now arrived at the place of I speak and trust me, we shall have good sport. How say you? Is not this a noble quadrangle we see around us? And be not these lawns trimly kept, and this lake marvellous clear?

Lewis Carroll, *Vision of the 3 T's.*

Das clowneske Kunstwerk erscheint als Nachbild des empirisch Lebendigen, es überschreitet die Demarkationslinie zwischen Kunst und Empirie und gewinnt eigenständige Züge, einen Charakter sui generis.

Die clowneske Kunst verkörpert den Augenblick, feiert Einstand im momentanen Innehalten der gängigen Monotonie des Lebensablaufes, eine kurzfristige Ewigkeit schaffend, den Tod negierend, sofern die Prämisse angenommen wird, daß Kunst auf Dauer immer Einspruch gegen den Tod erhebt. Clowneske Kunst hat die Flüchtigkeit des Feuerwerks, das auch der Dingwelt entrückt scheint, das in seiner aufgehenden, blinkenden Schrift der Last der Empirie enthoben ist, in eine Himmelszeit gestellt, wie Valéry diese Aktualisation nennt, entbunden aller Zweck-Mittel – Rationalität. Die Zweckfremdheit clownesker Kunst transzendiert das Momentane. Die clowneske Kunst trägt in der ihr eigenen Erfahrung monadenhafte Züge, im Einzelnen ist die ganze Welt enthalten, wenn auch wie in einem Zerrspiegel. Sie weist auf den Traum durch ihre Fähigkeit zur Deformation der Empirie. Als Trägerin des Scheins tilgt sie durch ihren Wirklichkeitscharakter gleichzeitig das Moment des Scheins. Die Körpersprache wird zum plastischen Relief, zuweilen auch phantasmagorische Illusionen zaubernd bis zum letzten Aura verströmenden Hauch.

Das Clowneske will offenbaren und gleichzeitig verbergen und gewinnt damit einen Rätselcharakter. Dem Gesetzhaften als einer Theodizee des Zweckbegriffs wird Widerstand geleistet. Die Forderung ist auf die Bestimmung des Unbestimmbaren gerichtet, will falschen Glanz und Harmonie entlarven. Der Clown ist

Medium des Übergangs von der Potentialität zur Aktualität, hält Blick und Gebärden nicht nur aufs pure Dies gerichtet, sondern klagt den Sinn des Da-Seins ein.

Die Aporien clownesker Kunst zeigen Zauber und Bezaubertsein, die Gleichzeitigkeit von Wissen und Betrogensein, die Unwahrheit des Wahren, den antagonistischen Zustand als Totalität.

Es gelingt der Mimesis des Clowns, das Leben und das Sprachbewußtsein des Verzauberten leise aus dem Hirn verebben zu lassen. Jeden Abend wird der Clown im Druidenmantel verschnürt in das grelle Scheinwerferlicht hineingeboren. Mit dem flackernden Schimmer über seinem traurigen Gesicht, mit seinem sonderbar fernen Lächeln, befreit von dem buhlerischen Putz, der das Auge betrügt, beginnt er aus sich selbst herauszuleuchten, wenn er mit seinem rechteckigen Schädel aus dem Dunkel in die Arena tritt, zwischen elfenbeinfarbene Kelche, Seile, graugrüne Decken, Pferde, bunte Pappreifen mit ihren Fransen aus bequastetem Salband, zwischen die Chromleitern und Messingtrompeten.

Jeden Abend hört er im Halbdunkel seiner Garderobe, die Wieselzähne gelb entblößt beim Schminken der weitgeöffneten Nasenflügel, das gedämpfte Beben der Trommeln, bevor er durch die Düsternis herangewirbelt den Schatten mit dem Flimmern des glitzernden Staubs der Manege vertauscht. In dieser kurzen, blitzschnell vorüberzuckenden Zeit ist er mit sich allein, während er auf seine dattelförmigen, übergroßen Schuhe starrt, den krempenlosen Hut und die Pappnase zurechtrückt. Mit mokanter Schamhaftigkeit, frei von geheuchelter Traurigkeit will er sich geben, ein Geschenk sich immer neu entwickelnder Freude. Die clowneske Kunst ist die Welt noch einmal, dieser so gleich wie ungleich, ist die Tonika des So-Seins, ist eine besondere Art der Vergegenwärtigung gelebter Gegenwart. Hier hinein werden wir gerissen, bis es uns schüttelfrostartig vor Lachen schüttelt, bis der Boden der Alltäglichkeit unter unseren Füßen zu schwanken beginnt.

Der Zeitmodus der Kunst des Clowns ist „erfüllte Gegenwart" und steht im krassen Gegensatz zur Zeitlichkeit der Alltagserfahrung, die durch die Tendenz oder Entleerung gekennzeichnet ist.

Das in ihr Anwesende erscheint flüchtig im Sinne einer Flucht in die Abwesenheit. Es verliert sich, indem es als Spur des Vergangenen wie ein feingewobener Gedankenfaden auf das Zukünftige weist. Diese Vor- und Rückweisung dient einer spielerischen Zerstreutheit.

Seine Kunst lebt nicht im vordergründigen Hier und Jetzt, sondern im hintergründigen Jetzt und Allezeit. In seinem Trichterkragen steckend, entspringt er einem Kräftestrom, der aus dem Vergangenen gleichsam achtlos über das Gegenwärtige in das Zukünftige hineintreibt.

Vor einer entleerten Gegenwart hebt sich die „erfüllte Gegenwart" des clownesken Auftritts ab. Die Insularität, die ihn begleitet, gestaltet den Auftritt zu seinem eigentümlichen Werk, sie betrifft diese Erlebniszeit erfüllter Gegenwart. „Die Kunst", schreibt Schopenhauer, „reißt das Objekt ihrer Kontemplation heraus aus dem Strom des Wettlaufs und hat es isoliert vor sich".

Die Spannung zwischen Alltagswirklichkeit und der rasanten Zeitlichkeit der clownesken Erfahrung verbindet ekstatische Transzendenz mit tiefer Versenkung in das Leben. Im Glücksfall gelingt es der Clownkunst, der Tendenz zur Verflüchtigung der Gegenwart listig entgegenzuwirken und das Leben in sich selbst zur Ganzheit zu sammeln.

Das Fest, wie es der Clown in der Manege des Zirkus oder auf der Filmleinwand feiert, wird zu dem Ort, wo die gesammelte Kraft durchschlägt. Ohne die freudige Artikulation des Feierns wäre das Leben eine bloße zeitliche Erstreckung. Sein Fest ist nicht nur Ausschweifung, sondern Revolte und plötzliches Eintauchen in das Formlose. Die Tradition lateinamerikanischer Fiestas, wie sie Octavio Paz in seinem „Labyrinth der Einsamkeit" beschreibt, demonstriert diese Rückkehr zum Zustand der Unterschiedslosigkeit, dem Versuch der Befreiung von kulturell auferlegten Normen im Taumel religiöser und politischer Ekstase.

Durch die kulturelle und geographische Ubiquität des Clowns ist das Fest tief im Rhythmus des Lebens verankert. Es scheint, als setzten Clowns im Zuschauer Empfindungen in Bewegung, die lange Zeit verborgen waren, um dann urplötzlich aufzubrechen. Es entsteht jenes blitzartige Betroffensein durch das Erschaute oder Gehörte, das sich aus dem gewohnten Fluß des Daseins heraushebt. Im Versuch, das Leiden gestaltend zu überwinden, möchte der Clown die Aufmerksamkeit des Zuschauers auf seine Gestalt lenken, um in sie hineinzuretten, was aus der Zeit Dauer verdient.

In diesem Sinne steht die clowneske Kunst für die Zeitlosigkeit des Ungleichzeitigen. Sie verlangt, daß man bei ihr verweilt, ohne sie zu bewältigen. Die Kunst der Clowns bedarf für den Betrachter keiner Hilfe zur Interpretation, ohne daß deshalb auf intellektuellen Gehalt verzichtet würde. Sie verwirft alle Elemente, die einen Verlust an Unmittelbarkeit bedeuten, die Erklärungen fordern, die den eigentlichen Reiz trüben würden, und klopft die krustigen Schlacken der Entfremdung ab.

Die clowneske Phantasie gleicht der dichterischen in ihrer umfassenden Anschauung der Wirklichkeit, durch ihren Zug zum Allgemeinen, Gleichnishaften, das sich in der Darbietung verbirgt. Sein Auftritt wird zum „gestalteten Kunstwerk", indem der Clown als Ausdruck der Selbstbehauptung sein Ich widerborstig der Welt als einer von Menschen erschaffenen Ordnung gegenüberstellt. Henry Miller versteht den Clown als handelnden Dichter, da er die Geschichte selbst verkörpert, die er spielt.

Es ist immer die gleiche Geschichte der Verehrung, Aufopferung und Kreuzigung. In Chaplins „Limelight" heißt der alternde Clown Calvero, in Anspielung auf den Kalvarienberg, die Schädelstätte des Neuen Testamentes.

Als Künstler ist der Clown vom Wissen um die Wirkung seines Tuns entbunden.

Zirkusclowns

76 Tom Belling mit dem „kleinsten Pferd der Welt". Bildarchiv Preußischer Kulturbesitz. **77** Otto Griebling. Circus World Museum, Baraboo/Wisconsin. **78** Emmet Kelley. Bildarchiv Preußischer Kulturbesitz. **79** Dimitri. Ullstein-Köster. **80** Charlie Rivel. Ullstein-Fritz Eschen. **81** Oleg Popow, Moskauer Staatszirkus 1969. Ullstein-Blume. **82** Grock, eigentlich: Adrian Wettach. Ullstein-Herzog. **83–86** Grock beim Abschminken. Deutsches Theatermuseum, München.

76

77

78

79

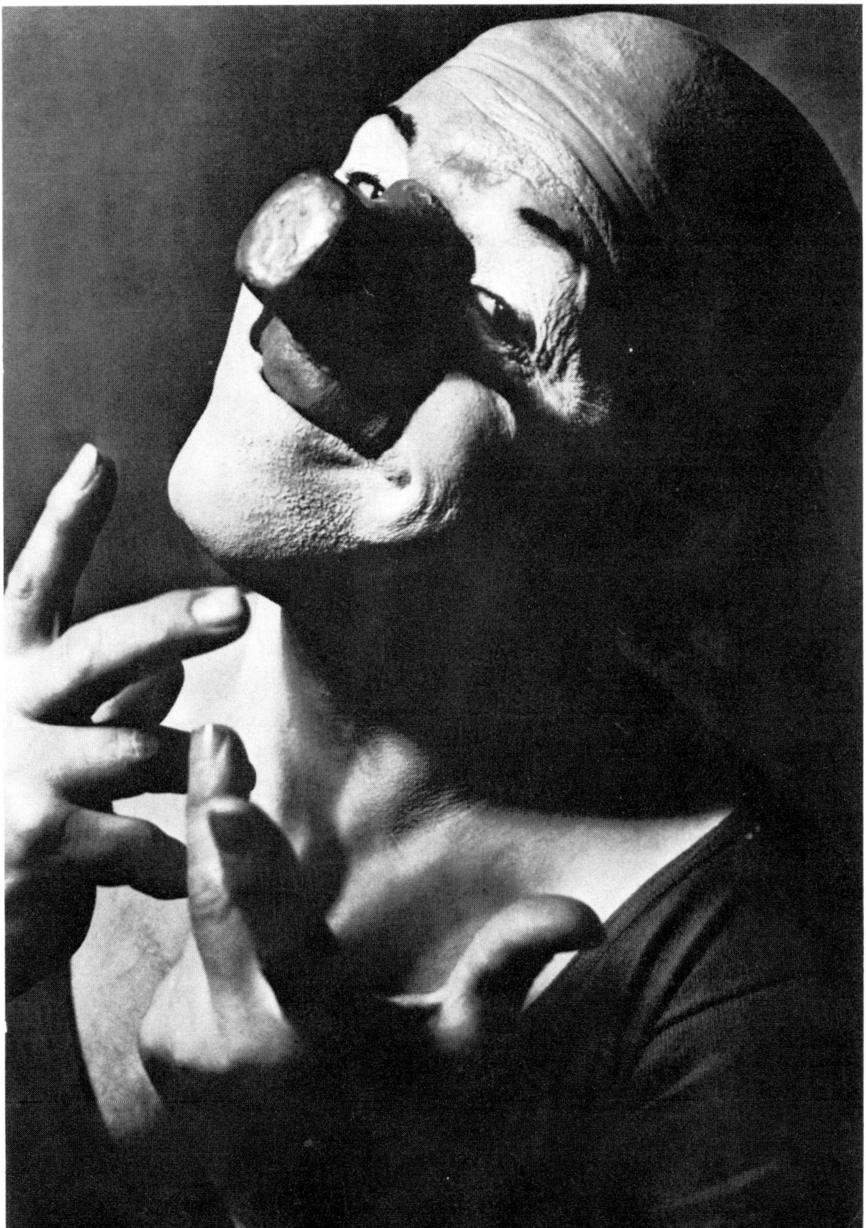

80

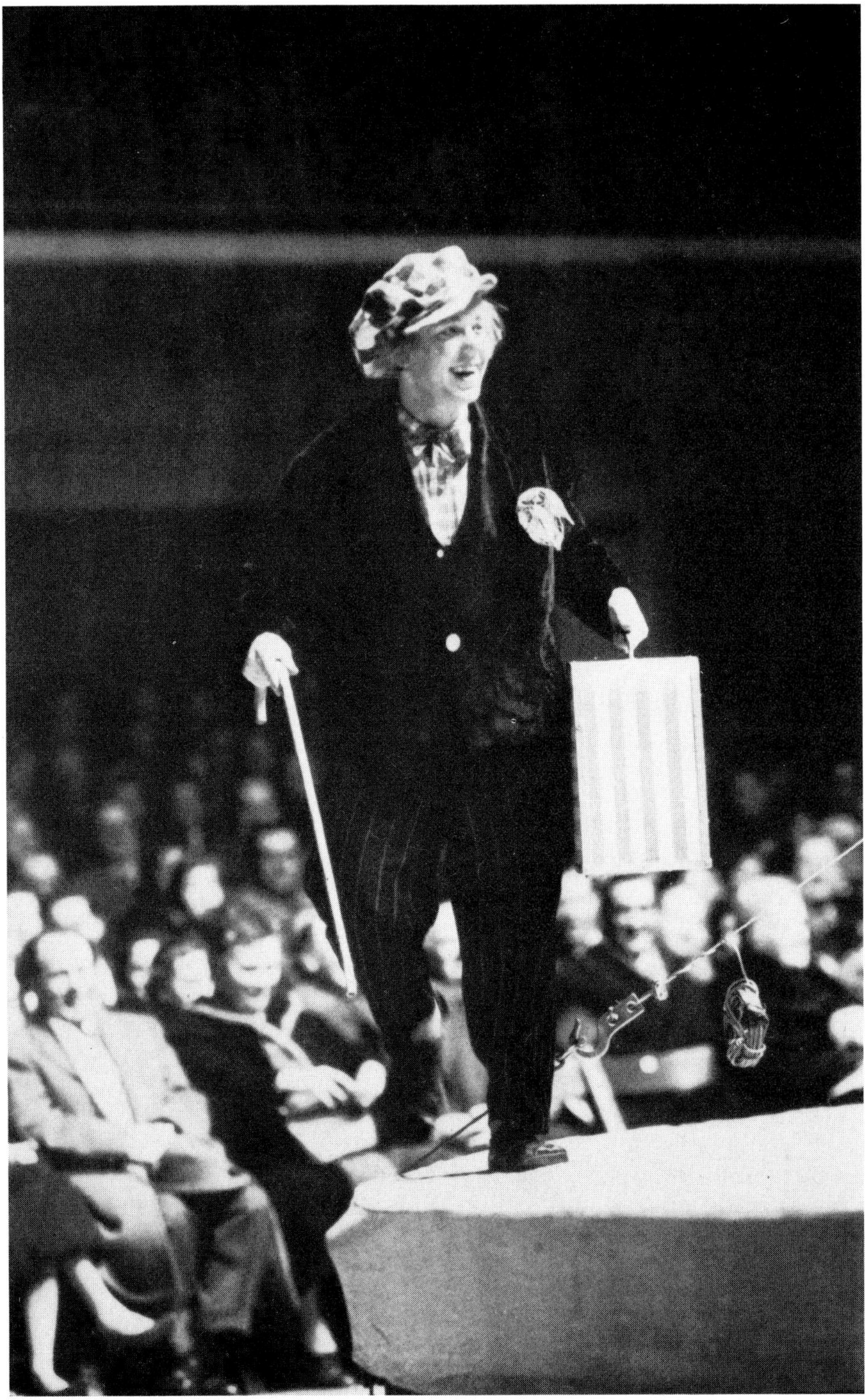

81

82

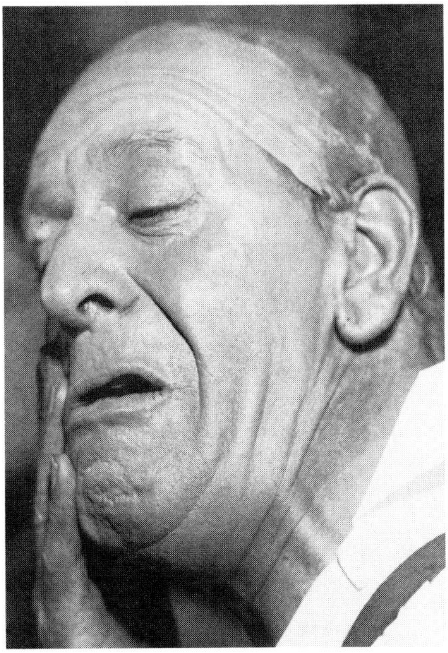

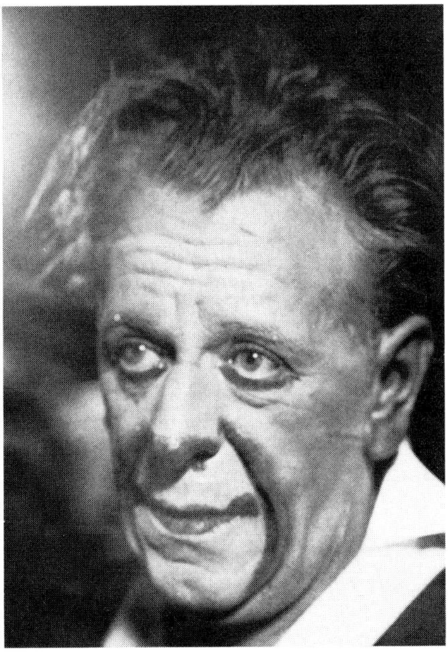

83–86

„A rose is a rose is a rose“, formulierte Gertrude Stein. Die Interpretation ist nicht Sache des Künstlers. Der Clown braucht nur zu sein und aus seinem Sein heraus zu handeln – und sei es, daß er sich mit hohler Schaufelhand und strohgelben Handschuhen seinen knollig wuchernden Zinken schnäuzt.

Ecco la vita.

XXII. Die „Spielregel“ clownesker Kunst

The paradise lost
John Milton

Es stellt sich die Frage nach der sonderlichen Qualität clownesker Kunst.

Der Homo ludens Johan Huizingas begreift Kultur als Spiel. Es ist hiermit nicht gemeint, daß im Kulturleben das naive Spielen eine herausragende Stelle einnimmt, ebenso nicht, daß Kultur durch eine Evolution aus dem Spiel hervorgeht. Es soll vielmehr gezeigt werden, daß Kultur anfänglich gespielt wurde, und zwar in dem Sinne, daß jedes Tun eine den Zwecken entäußerte, der Form und dem eigenen Vollzug nach jedoch festgefügte Form darstellt, eine zögernde Seligkeit. Das Spielmoment kann somit Nachbild von Praxis sein, in einem weit höheren Maß als das des bloßen Scheins, was etwa bei sakralen Ritualen der Indianerkulturen verschiedener Epochen als einer anthropologischen Konstanten ersichtlich wird. Er herrscht nicht lediglich Verzückung und Illusion in einer Herdentierexistenz, sondern ein hintergründiges Bewußtsein vom Echt-Sein der Situation.

Die eigene Dramaturgie, die der Clown der Welt entgegensetzt, entlarvt seine „Spielregel“.

Er selbst hat keine andere Tendenz zu verfechten als die des Spiels. Er taucht ein in die Freiheit illusionärer Spielwirklichkeit, in der jene existentielle Bindung zwar nicht eingelöst, aber gelockert ist, in der also das, was ekstatische Beziehungslosigkeit ist, schon vorgezeichnet scheint.

Die künstlerische Form ist ein Phänomen der Schwelle. Sie

führt in einen gleichsam geheiligten Bezirk. So entspricht der künstlerische Ausdruck des Clowns der Festlichkeit des Daseins, die er zubereiten hilft, so dient er als Spiel dem Fortschreiten zu einem alles überragenden Ernst. Die Doppelschichtung des clownesken Charakters wird in der Form dieses Ausdrucks aufgefangen. Seine Kunst ist wesentlich eine in sich spielende, unverantwortlich selbstgenügsame Illusion. Nicht immer merkt der Zuschauer, wie er auf der Schwelle für eine Weile verträumten Zögerns ausruht, während der Clown aus dem Nichts die Welt hervorzaubern möchte.

In der Manege gehen urplötzlich massive Gegenstände zu Bruch, steht eine trutzige, matt blinkende Kanone im Zelt – aber die Frage nach dem Woher und Wohin wird nicht gestellt, sie ist für die Veranschaulichung des Ereignisses von marginaler Bedeutung.

Dieser quirligen Ubiquität entspricht die Bewegung des Spiels. Sie kennt kein Ziel, in dem sie endet, stößt voran durch die Ungewißheit der Leere. Das Spiel ist Vollzug der Bewegung als solcher, es erneuert sich in ständiger Wiedergeburt.

Im Spiel kennt der Clown keinen Zeitbegriff. Seine fiktiv verbrauchte Zeit deckt sich mit der tatsächlich verbrauchten, imaginäre und reale Wirklichkeit fallen zusammen.

Wie die Zeit, wird auch das Alter überwunden. Der Clown erscheint alterslos. Die Hohlkugel seines Schädels ist nicht zu bestimmen. Die Kleine ist nicht unbedingt jung, der Alte nicht zwingend alt. Es gibt keine junge Jugend und kein altes Alter.

Die Insularität seines Auftritts erlaubt dem Zuschauer, in Selbstvergessenheit das Schweigen der beschwingten Kreatur in dem Augenblick des überwältigenden Gefühls in der in die Ewigkeit hineingestellten Weltzeit zu erleben. Dieses Erleben ist clowneske Kunst, ist, eben wegen dieser zeitlichen Geschlossenheit, in infinitesimaler Kürze in sich selbst „das ganze Leben noch einmal". Sie hat abbildlichen Charakter, ist das Ganze des Seins zurückgeschraubt auf die einfachste und wirksamste Form – aber als Spiel.

Auch als Spieler bleibt dem Clown sein Wesensbezug zum Ernsthaften, da im Spielen selbst ein besonderer Ernst versteckt liegt. Im Spiel wird die Untrennbarkeit und Einheit von Glauben und Nichtglauben, die Verbindung von Spaß und heiligem Ernst in eine Form gefaßt.

Die Zweckbezüge, die das tätige und sorgende Dasein bestimmen, sind nicht einfach verschwunden, sondern treten auf eigentümliche Weise zu Tage. Der Spielende ist sich selbst bewußt, daß sein Spiel nur Spiel sein kann, und sich in einer Welt vollzieht, die selbst durch den Ernst der Zwecke bestimmt ist. Im Spiel aber vergißt er, und nur so erfüllt das Spielerische seinen Zweck: der Spielende muß im Spiel aufgehen wie in der Dunkelheit terrestrischen Wassers. Auf diese Weise findet das Spielen sein Subjekt. Das Subjekt des Spiels ist aber nicht der Spieler, sondern das Spiel selbst.

Roland Topor ist um die Ganzheit der Möglichkeiten bemüht und zeichnet das Bild des Clowns, der unschuldigen Blicks mit den Folianten jongliert, ein ahnungsloser Spieler, der die Welt trotzdem dem tödlichen Absturz zutreiben kann.

Die clownesken Wunder der Erde gleichen den Gesetzen des Himmels.

Das Ordnungsgefüge des Spiels nimmt den Spieler gleichsam in sich auf, beherbergt ihn und entbindet ihn damit von der Aufgabe der Initiative, die die eigentliche Anstrengung des Daseins ausmacht.

Die Spielwelt ist eine geschlossene Welt gegenüber der Welt der Zwecke, in die die Persistenz des Höllenlichts nicht reicht, jener gleichsam geheiligte Bezirk, in den einzudringen nur wenigen vergönnt scheint.

Für Hans Georg Gadamer kommt das Spielen erst durch das Gespielt-Werden zum Ausdruck, das Spiel kommt durch den Spieler erst zur Darstellung. Das Spiel wird zur freien Handlung, die nichts beabsichtigt und, außerhalb des gewöhnlichen Lebens stehend, trotzdem den Spieler in Anspruch nimmt. Das Spiel ist von jeglichem materiellen Zweck entbunden. Es vollzieht sich in absichtlich beschränkter Zeit und begrenztem Raum. Das Bewußtsein des Anderstuns – im mimetischen Spiel des Pantomimen das Bewußtsein des vorübergehenden Andersseins – läßt Spannung und Freude alternieren. Spielen ist Verwandeln, vollzogen in der Sicherheit der Wiederkehr. Das Verwandeln gleicht dem schöpferischen Akt.

Von Jean Gaspard Debureau bis Oleg Popov gehört die Pantomime zu den wesentlichen Elementen clownesker Kunst. Die pantomimische Aktion ist selbstredend, imaginäre Objekte werden geworfen und entsprechen der Traumverlorenheit der Clowns im Scheinreich der Kräfte und Räume.

Im gesamten Habitus der Körperführung lernt der Clown vom Pantomimen. Johan Huizinga hat in seiner Studie über die Spielelemente einer Kultur gezeigt, in welcher Weise eine Figur als Pantomime die Fähigkeit hat, mit nichts als dem Körper menschliche Existenz zu definieren, den Körper in ein Instrument zu verwandeln, das Zentrum der Balance von dem inneren Ohr wegzuverlagern, die Last der Zweckfragen zu tilgen und zu einer neuen Synthese aus Teilen und Bewegungen zu verschmelzen.

Leonid Yengibarov, der armenische Pantomime und Clown, der kaum je außerhalb der Sowjetunion und den Staaten des Ostblocks auftrat, sinnierte zuweilen in einem gelben Kimono mit Puffrocktaschen. Mit der Gerte den Takt schlagend, strich er als Ultima ratio seine Violine, jonglierte Musikinstrumente, zylindrische Dosen, emaillierte Regenschirme, perlmuttblau bestickt, und wand sich wie ein Skorpion am Ende seines Auftritts aus dem Scheinwerferkegel, als stiege er auf zu elysischem Licht.

Dimitri, der Pantomimenclown, strebte in seinem nixengrünen, lizardbeletterten Trikot nach einer Synthese aus musikalischer Exzentrizität und virtuoser Mimik. Als ein Schüler Marcel Marceaus stand er auch mit Buster Keaton im Cirque Medrano, spielte, das Gesicht vergraben unter dicken Talkumschichten, für Grock und Charlie Rivel den Weißclown.

Dimitri schuf eine Figur, so widersprüchlich wie ein Brandmal auf der Stirn eines Frosches. Selten wird er der stürmischen Bilderflut Herr. Er entknotet seine Glieder ungelenk, würgt zwei Pingpongbälle im weit aufgesperrten, karmesinroten Rachen, verschluckt die Mundharmonika, stolpert wie ein kleiner Junge, schwer mit Saxophonen behangen voran, als trüge er stolz erste Spielsachen, und schnuppert ganz plötzlich hinter dem Vorhang an einer Phiole mit aromatischem veilchenblauen Konfekt, hinter der für Augenblicke ein grünvioletter Feuerfunke oszilliert. Der Licht erlischt, die Tür zum Ungewissen schlägt zu. Dimitri, der pantomimische Clown, bleibt – ein Dieb fremder Gebärden –

Eklektiker der Physis und entspringt ins Leere.

Es hat den Anschein, als beziehe der Clown seine Stärke aus einer Stellung im Diesseits, in die er Spurenelemente aus dem Jenseits aufgenommen hat. In einem säkularisierten Weltbild trägt er messianische Züge und scheint Wege zu weisen, die in die Nähe der himmlischen Grotte führen.

Der Clown bleibt sich und seinen historischen Traditionen treu: göttliches, halbgöttliches, vergöttertes Wesen – Fragmente eines apokryphen Evangeliums.

Seine private Tristesse, ja seine Tragik, besteht darin, daß er seine Vision einer anderen Welt, in die er hineinzublicken vermag, den Menschen außerhalb des Spielzirkels und der Bühnen nicht immer vermitteln kann. Unter den dösenden Menschen der schlafenden Stadt ist kaum jemand, der ihm zu folgen wagt. Hierin liegt seine Begrenztheit, seine Verwurzelung im Endlichen.

XXIII. Zur clownesken Rolle in der Moderne

Then I felt like some watcher of the skies, when a new planet swims into his ken.

John Keats, *Ode an Homer*

Die Moderne kennt den Clown in einem Ausdrucksvaleur, der einer Zeit entspricht, deren Literatur und Kunst in Werken wie in Selbstzeugnissen vom Identitätsverlust des Menschen zeugen. Der „Mörder“ in Magrittes „L’assassin menace“, der zwischen einem Freiraum der Kunst und den Fesseln einer verdinglichten Welt zu vermitteln versucht, ist kein allzusehr entfernter Verwandter der Pierrots, Harlekine und Clowns.

Der Clown der Moderne agiert vor dem Hintergrund einer materiell wie ideell zerberstenden Welt. Die industrielle Gesellschaft, die eine Gottesfigur als Prima causa der geistlichen und weltlichen Ordnung immer weniger kennt und die eine traditionelle Seinsgewißheit verloren hat, begünstigt das Aufleben und Erstarken der Clownfigur.

Solange das Individuum von Gott eingesetzt war und seinerseits eine gefestigte Stellung im kosmischen Gefüge hatte, empfand es sich als hierarchisch eingebunden und unverloren. Die tiefe Kluft zwischen Ich und Welt brach auf, als die Welt sich als unvollendbar erwies. Der Mensch verlor mit seinem Austritt aus der kosmischen Ordnung in ein säkularisiertes Weltreich seine Einbindung in einen sinnvollen Schöpfungsplan und wurde auf sich selbst zurückgeworfen. Angst trat auf. Voll Zärtlichkeit wenden sich die Clowns mit romantisch verklärtem Erlösergesicht anderen hilflosen Kreaturen dieser Welt zu.

Der Hinauswurf in die Leere, der Verlust der Weltverbundenheit, deckt sich mit der existentiellen Grundbefindlichkeit des Clowns und trifft sich mit der Wirklichkeit von Myriaden. Stellvertretend für den Menschen beschreibt der Clown wie ein Stern in mutiger Einsamkeit seine Bahn durch den dunklen, unendlichen Raum unter der Zirkuskuppel oder im Theatersaal und scheint den Zuschauern doch einen Schritt voraus: In seiner Einsamkeit liegen Leiden wie Größe verborgen. Der Clown demonstriert öffentliche Einsamkeit, der Mensch der Moderne hingegen Verlassenheit.

Chaplin, Tati oder Woody Allen suchen wie Pioniere eine Wegkarte durch den kahlen Wald der Wirklichkeit zu entwerfen.

Das Wesen ihrer clownesken Einsamkeit scheint etwas wie die Gegenwart des Ewigen inmitten der Unruhe des Vergänglichen zu sein. Der Clown vermittelt das Erlebnis, trotz des Alleinseins nicht verlassen zu sein. Die Hoffnung, die Kierkegaard auf die Stärke des Ewigen setzt, gleicht der Vision des Clowns. Sie sind auf einen Zustand gerichtet, den Paul Tillich als die Erfahrung des Ewigen im Jetzt bezeichnet hat. In der Armut der Einsamkeit des zinnoberroten Paradiesvogels scheint aller Reichtum gegenwärtig. Tritt er jedoch aus der Manege, gleicht er dem Menschen der Moderne, scheint verlassen, verloren.

In seinem künstlerischen Ausdruck vollzieht sich die Vorwegnahme transzendenten Seins – vom Menschen nicht gewagt oder geleistet, sondern ihm geschenkt.

XXIV. Der clowneske Dualismus in der technologischen Welt: Ausgestaltungen einer Gegenkraft

For the sake of a quiet life
Charles Dickens

Der Clown – Glücksbringer und Widersacher, durch Kulturen und Epochen. Seine Rolle als Glücksbringer scheint erwiesen. Worin besteht aber seine Aufgabe als Widersacher in der Moderne? Welche Konturen gewinnt die Hierarchie, an der sich der Clown diabolisch reiben könnte?

Die Ordnung, der es sich zu widersetzen gilt, ist eine andere als die der Antike, der Indianerkulturen, der asiatischen Dynastien, des europäischen Mittelalters oder der Renaissance. Der Clown will uns von einer neuen Ordnung „erlösen“, deren Unfreiheit unmerklich, atmosphärisch und doch stetig wirkt.

Die Harlekine Picassos, die sich die Masken von ihrem aschfahlen Gesicht genommen haben, verblüffen. Der Schauspieler, der hinter der Maske verborgen war, ist selbst so sehr Maske wie jeder Fetzen seines rhombengemusterten Kittels, unter dem er seinen Körper versteckt. Er erscheint weder komisch noch tragisch, sondern einfach bestürzt, seiner selbst verlustig.

Weder scheint er zu leiden noch sich zu freuen. Maske und Person fallen zusammen, verblüffen durch ihre Identität und offenbaren ein mattes Erstaunen, die gleichgültige Blässe eines Menschen, den Albert Camus bereits als „indifferent“ bezeichnet hat und der dem Clown, der aus der Arena seines Auftritts verstoßen ist, der unter einer Papierlaterne steht und sich mit der Wirklichkeit seiner Zeit konfrontiert sieht, geradezu deckungsgleich ähnelt.

Im Sinne T. S. Elliots führt der Clown als Künstler auf seine Art einen Angriff „auf das Unartikulierbare“, einem unendlichen Schattenstrich gleich inmitten einer Ordnung der Dinge, die sich der Darstellung widersetzt.

In einer Welt, die ihres Sinns verlustig scheint, droht die Verständigung der Menschen untereinander ein aussichtsloses Unterfangen zu werden. Es scheint sich ein Gefühl der Unfähigkeit breitzumachen, kriechendes regnerisches Grau, das eigene Elend erscheint unaussprechbar und gerinnt zur Form jener Absurdität, jener Unangemessenheit von Wort und Sinn, die durch Wortlosigkeit gekennzeichnet ist und durch ostentativen Verzicht auf Sprache zum Ausdruck gebracht wird.

Dieses Verstummen ist aber reines Symptom und nicht Ausdruck der Verfassung, von der Rimbaud nur eine Vorstellung geben konnte, solange er dichtete, das heißt eben: sprach. So wird das Schweigen zu einem Negativum reinster Form, zur Abwehr, zum Ausdruck des Protests, zum letzten Atemholen vor der Gleichgültigkeit.

Chaplin – Beispiel eines Clowns und eines modernen Menschen zugleich – kennt Erlösung und Tristesse und bleibt ein Rutengänger im eigenen Kopf. In einer Welt, die sich auf eine starre Funktionalisierung alles Menschlichen hinbewegt, die nicht mehr durch eine martische, merkurische, saturnische oder christliche Gottesfigur und Gegenkraft bedroht scheint, fürchtet er, seine eigene Identität im Grau einer ungreifbaren Welt, die jenseits seines Verstehens liegt, zu verlieren.

Die Gesellschaft weiß ohne ihn auszukommen – und er ohne sie. Sein Gewissen ist nie käuflich, er ist kein einschmeichelnder Sykophant.

Nur zufällig stolpert er um eine Straßenecke, an der streikende Arbeiter ihre Banner tragen. Er bleibt ebenso unbeteiligt, wie er

„Filmclowns“

87 Danny Kaye in *König der Spaßmacher.* Filmarchiv L. R. Just. **88** Buster Keaton in *Our Hospitality.* Bildarchiv Preußischer Kulturbesitz. **89** Buster Keaton mit Kathleen Myers in *Go West.* Ullstein-Interfoto Rauch. **90** Charlie Chaplin mit Merna Kennedy und Henry Berman in *Circus.* Filmarchiv L. R. Just. **91** Charlie Chaplin mit Buster Keaton in *Limelight.* Filmarchiv L. R. Just. **92** Charlie Chaplin in *Goldrausch.* Bildarchiv Preußischer Kulturbesitz. **93** Groucho, Chico und Harpo Marx in *Die Marx Brothers im Kaufhaus.* Ullstein-Röhnert. **94** Karl Valentin und Liesl Karlstadt in *Lachkabinett.* Filmarchiv L. R. Just. **95** Stan Laurel und Oliver Hardy in *Zwei ritten nach Texas.* Ullstein. **96** Woody Allen mit Partner in *Die letzte Nacht des Boris Gruschenko.* Filmarchiv L. R. Just. **97** Jacques Tati in *Mon Oncle.* Filmarchiv L. R. Just.

87

88

89

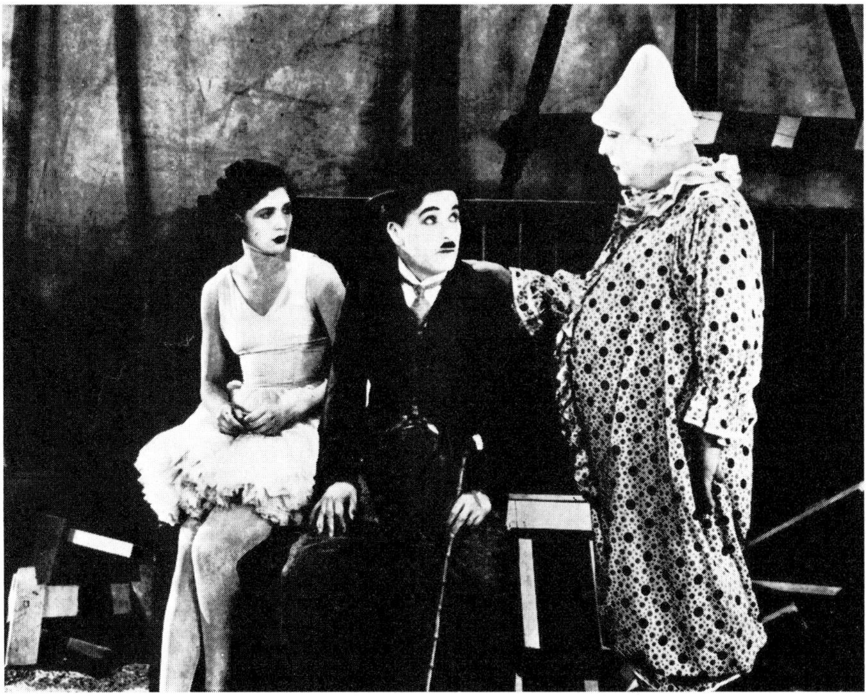

90/91

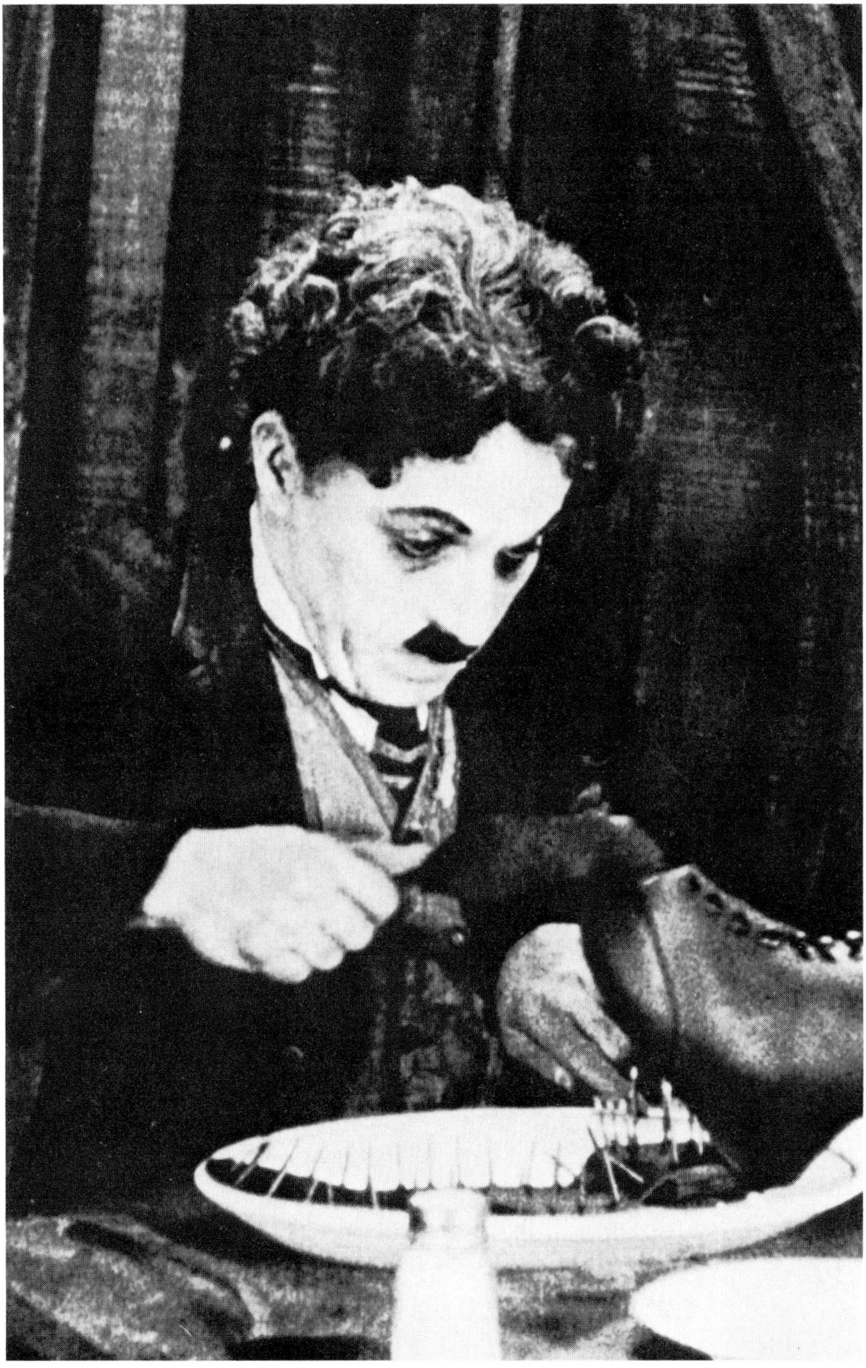

92

93

94

95

96

97

von den Ritualen einer großbürgerlichen Welt ausgeschlossen bleibt, die das Publikum vergöttert und die er spottend verhöhnt, wenn er sich vor dem Waldorf Astoria Hotel in ostentativer Gelassenheit die Nägel putzt.

Chronik des Siegers oder Erlösung eines Verdammten?

Er bleibt undefiniert, kann jeder Lage entweichen und überlebt nicht als Sieger oder Held. Das Überleben selbst wird zum Sieg.

Ob in den Alamedagärten auf den Terrassen der New Yorker Wolkenkratzer oder zwischen ausgedienten Amtsdienern und lichtscheuen Figuren der South Bronx – Chaplin bleibt unberührt, ein nächtlicher Vagabund.

Er kennt das Gefühl der Niedergeschlagenheit angesichts des Abgewiesenseins. Und doch liegt in der Frage, ob er Teil der sich immer schneller drehenden und alles zermalmenden Existenzmaschine ist oder ihr Opfer, seine Losgelöstheit, sein Außerhalbstehen von den „Modern Times“, seine Rettung.

Als Widersacher steht dem Clown der Moderne die ihn bedrohende Gegenwelt in Form einer Allgegenwärtigkeit, einer Allmacht des Staates gegenüber, wie sie Alexis de Tocqueville beschworen hat, die – demokratisch legitimiert, durch Gesetze abgesichert – leise, aber bestimmt in immer weitere Bereiche des Lebens vordringt.

Der Unfügsame reitet gegen die moderne Spielart des Despotismus in Form einer Tyrannei der Mehrheit im Kraftfeld zwischen Freiheit und Gleichheit an und ruft – wie Henry Miller mehr als ein Jahrhundert nach Tocqueville – in seinem funkelnden, mitreißenden Manifest einer individuellen Lebensgestaltung die amorphe Masse einander ähnelnder Menschen zum „großen Aufstand“ auf, die sich, das Gesicht abgewendet, betäubt durch rhythmischen, eintönigen Lärm, entselbstet und versteinert im Kreise dreht, um ihre kleinen und gewöhnlichen Freuden zu sichern.

So entsteht der Entwurf jener „konstruktiven Anarchie“ des Clowns in den industriellen Kulturen, der absichtsvoll zwinkernd – und nicht besinnungslos grölend – die Gefahr in Schach halten will und einer Welt droht, die als bloßes Funktionsgefüge zum blinden Gehorsam des Denkens erkaltet, zum starren Mechanismus profaniert wird. Er streitet ohne tatarisches Tapferkeitsgebrüll für die spirituelle Stärke als Voraussetzung des Überlebens einer Kultur, für das Einbeziehen von Metaphysik, für eine verpflichtende Alltagsethik, für die überlegte Vereinigung beider Sphären, Kultur und Staatsmacht.

In einer Welt, die Arnold Gehlen als gemeinschaftslos bezeichnet hat, in der das Individuum vergeblich versucht, in der flüchtigen Substanz der Zeit Halt zu finden, kann sich die Ethik clownesker Komik zur kritischen Potenz entwickeln. In diesem Sinn kann er zu einer Opfer- oder Heroenfigur der technischen Zivilisation aufsteigen, in der sich der Einzelne gegen eine durch mechanische Steuersysteme geregelte Welt behaupten muß, um seine menschliche Zurückgebliebenheit hinter der Technologie wettzumachen. Er verteidigt das menschliche Kontinuum gegen das exponentiale Wachstum der Technologie.

Umstellt von lauernden Mechanismen erscheint das Individuum im doppelten Sinn komisch. Zum einen durch Bergsons Vorstellung, daß der Mensch durch alle mechanische Gestik komisch wirke, dann durch eine murrende Komik, die aus der Nichtübereinstimmung des Einzelnen mit den Normen einer Gesellschaft resultiert. Was unbrauchbar erscheint, wird verworfen, einfach aus dem Kopf geworfen. Der Humor holt zum Gegenschlag aus und wird zur Befreiung vom Unbehagen angesichts einer durch Materie versperrten Welt.

In seiner nachlässigen Verächtlichkeit macht der Clown von seiner „civil disobedience“, von seinem Recht auf bürgerlichen Ungehorsam Gebrauch, wie ihn schon Thoreau im Neuengland des Transzendentalismus praktizierte. Sein Versuch, sich zu erwählen, trägt eudaimonistische Züge. Er ruft auf, sich vom Netz der positiven Täuschungen einfangen zu lassen, sich die Masken von den Gesichtern zu reißen, zu bekennen, ohne feierlichen Pomp, zu staunen, zu lachen und zu weinen, ja zu leben.

Dieser große Aufstand, zu dem er den Menschen der einsamen Masse aufruft, erscheint notwendig, da sich die industriellen Gesellschaften in einem Lebensraum bewegen, in dem sich nur bewähren kann, was berechnet oder berechenbar gemacht werden kann und somit verfügbar erscheint.

Als zuverlässig gilt nur, was sich scheinbar prognostizieren läßt. Diese Einstellung stranguliert behende nicht nur jede kreative Wissenschaft, sondern entsinnlicht jede Form der Ästhetik, Erziehung, Kunst, der Literatur ebenso wie des Films, des Theaters und der Malerei, und schlägt als Farblosigkeit – als Starrheit und fiepsige Provinzialität durch.

Die Vergötzung soziometrischer Daten breitet ein Feld der Willkür aus und trommelt behäbig schnurrend einen Zaudertakt. Der Mensch verschließt sich in seinem innersten Wesen aber jeder Quantifizierung, beharrt auf seinen irrationalen Möglichkeiten.

Das Clowneske macht mittelbar Front gegen eine Tendenz, die alle Phänomene, die sich einer intellektuellen Kritik entziehen, ausmerzt oder sie lächerlich macht.

Er wendet sein Gesicht ab von der Frigidität des Trabanten. Oft verkannt als närrisch behelmter Helebardier bejaht er emotionale Erfahrung und Erkenntnisfähigkeit, zeigt Mut zur Empfindung, will Kognition, Konnotation und Affekt zusammenwirken lassen und sie nicht als antagonistisch wechselseitig ausschließen. Diese intuitive Dimension ist nicht immer verfügbar, sie tritt unvermittelt auf, ist einzig und kann als charismatische Gnadengabe bezeichnet werden. Jacques Tati war wohl solch eine gesegnete Figur.

Es versteht sich, daß der Clown im mechanistisch-deterministischen Weltbild der Moderne, die sich einer Rehabilitation des Fühlens verschließt, nur schwer Platz findet.

Je weiter die Erkenntnisse im modernen Wissenschafts- und Kunstbereich fortschreiten, desto stärker nimmt die Bedeutung normierter Methodik als Klammerschraube einer vorgetäuschten, erschlichenen Objektivität zu und droht die intellektuelle Phantasie gleichzeitig verkümmern zu lassen. Claude Levi Strauss begründete die Notwendigkeit für sein „wildes Denken" mit der Sorge, „daß in unserer Gesellschaft Wissenschaft vollkommen von der Kunst getrennt wird, das heißt von all dem, was in uns noch mit Sensibilität zusammenhängt".

Je mehr die Naturwissenschaften die Phänomene der Natur und des Menschen in Funktionen auflösen, um so stärker steigert sich das Schwergewicht steuerbarer Vorgänge, um so rascher droht die Intuition verlorenzugehen.

Je raffinierter und rasanter der Ausbau der Technologie verläuft, desto unwahrscheinlicher und dorniger wird der Weg der Inspiration. Die „nourriture terrestre" läßt sich nicht mit Maschinen melken. Politische Visionäre, Schöpfer konkreter Utopie, werden, soweit sie nicht längst totgesagt wurden oder tatsächlich ausgestorben sind, in den Bereich der Unglaubwürdigkeit oder der Phantasterei verwiesen. Dort treffen sie auf den Clown, den Unfügsamen, den Widersacher, der die Insignien des Hosenbandordens mit ausgesuchter Würde zu tragen weiß, und doch Ernsthaftes verkündet.

Ein kühner Wurf: sich selbst in der eigenen Stellung in der Welt zu erfassen, in ständiger Oszillation der Wahrnehmungsformen. Dies fordert Empathie, die Aktualisation einer Intuition, die einem rein rationalen Erforschen der Welt Grenzen setzt. Intuition wendet sich gegen den Verlust unmittelbarer Erlebnisfähigkeit und gegen unstillbare materielle Getriebenheit aus einer inneren Leere des Lebens, gegen jede Art unschöpferischer Abwechslung, gegen Erotomanie als quantifizierte Sexualität, gegen bloßes Gierleben an der Oberfläche.

Der schöpferische Elan echter Visionäre hat die Geschichte von den Hochkulturen der magisch-mythischen Zeit, von den Höhlenmalereien in Altamira, von den Gesängen des Homer und von den mittelalterlichen Kathedralen bis zur Architektur eines Niemeyer, der Landschaftsgestaltung eines Roberto Burle Marx, den Visionen eines Picasso, Joyce, Fellini, Beuys – oder aber bis zu Gestalten wie Chaplin, Tati, Popow, Grock, Woody Allen durchwirkt.

Träger visionärer Charismata wurden oft ohne ihren Willen, ja geradezu diametral ihrem vorausgegangenen Bestreben entgegengesetzt, zu Propheten eines überpersönlichen Willens. Trägt

Varietekünstler/Pantomimen/ein Clown

98 Buster Keaton mit seinen Eltern in dem Variété *Die drei Keatons.* Ullstein. **99** Marcel Marceau. Ullstein-dpa. **100** Jean-Louis Barrault in *Kinder des Olymp.* Ullstein-Röhnert. **101** Oswald Kettenberger, Der namenlose Clown.

98

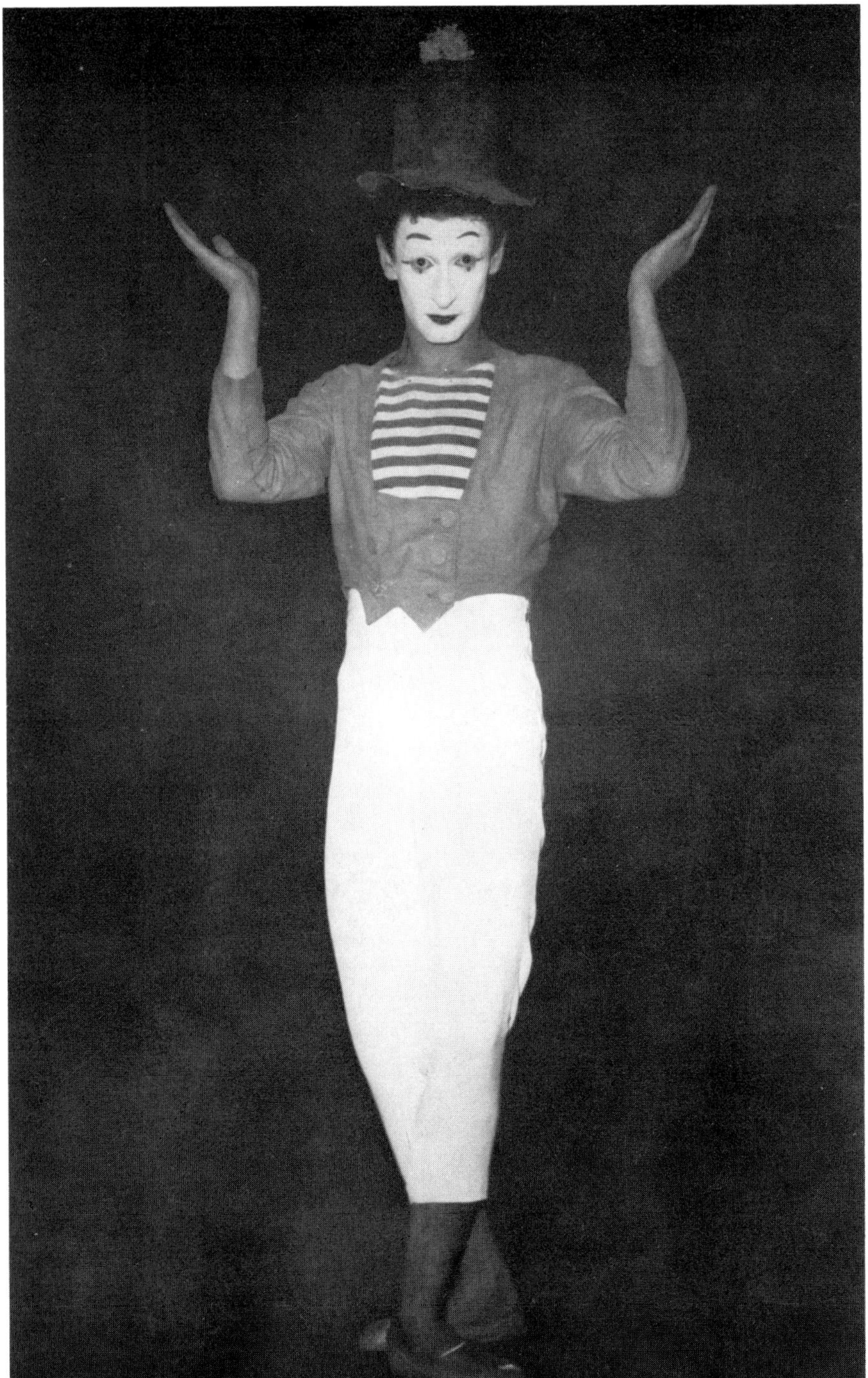

99

100

101

die bildende Kunst eines Picasso für ihre Zeit nicht ebenso heilsgeschichtlich anmutende Prophetie wie Chaplin oder Woody Allen, wenn er als apokalyptischer Engel im Delirium wahnwitziger Liebesbeziehungen – Menetekel seiner Epoche – zwischen stürzendem Mauerwerk durch die Skyline Manhattans wirbelt, stetig und ständig auf der Suche nach irgend etwas und irgendwem? Seine Botschaft wird in der ganzen Welt begriffen. Mit Verstand und einer Vernunft, die seiner Intuition Dauer verschafft, formuliert er, was Millionen andere empfinden, aber nicht auszudrücken vermögen.

Die technologische Kunstfertigkeit des modernen Menschen führt ihn zu dem Trugschluß, er könne der Despotie der mechanischen Welt auch Einhalt gebieten oder gar vollkommen die eigene Evolution selbst steuern.

Die notwendige Krise, in die er stürzen muß, erklärt sich aus dem Widerspruch, in dem sich der Mensch gegenüber dem Bewußtsein der unendlichen Dimension befindet, gegen die er taumelnd antritt. Dieses Bewußtsein übersteigt den begrenzten Mikrokosmos des Menschen so gewaltig, weil sich in ihm die Erkenntnis zeigt, daß sein konkretes Werden niemals vorausberechnet werden kann. Aus der psychosozialen menschlichen Evolutionsgeschichte darf nicht der falsche Schluß gezogen werden, daß je eine Kultur diese unendliche Dimension erfüllen könnte. Die grundlegende Fehleinschätzung liegt auf der Hand: der Mensch verwechselt – reitender Zwerg, rostig gerüstet – entgegen seiner intuitiv-emotionalen Erfahrung seine physikalischen, meßbaren Größen mit der unendlichen Dimension als solcher. Da er glaubt, sie durch sein Tun erreicht zu haben, treibt seine Existenz in sich bedrohlich verdichtendem Maße auf eine ausweglose Isolation hin, die sacht und stetig bebend, ohne grollendes Getöse in einer selbstzerstörerischen Vernichtung zu enden droht. Da will jemand den Schnee durch das All rauschen hören.

Der Clown als Widersacher trägt seinen Zweifel überall hin und ficht seinen Kampf sehr sanft, ganz ohne das Klirren der Piken auf den Rüstungen. In seinem Kreidekreis stimmlos singend erkennt er das Grauen draußen und schafft Freiheit aus der Entfremdung. Mit seinen Händen und Fingern die Holzspäne von sich klopfend, erhebt sich der Geschlagene von der Pergamentrolle und proklamiert als Movens der Befreiung das Durchstehen, die Überwindung des negativen Erlebens, das er sich als Lebensaufgabe gestellt hat.

Er ist, was er war, und bleibt, was er ist: der Unfügsame, der geheiligte Rebell, in frühen Mythen und Kulturen ebenso wie heute.

XXV. Vom Glück des Stolperns

Frères humains qui après nous vivez,
N' ayez les cuers contre nous endurcis,
Car, se pitié de nous povres avez,
Dieu en aura plus tost de vous mercis.
François Villon, *Ballade des pendus*

Das Naturrecht des Clowns will helfen, eine Ordnung zu finden in einer Hölle, von der jeder Augenblick ein Wunder ist.

Dem es gelingt, sich in das eigene Sein einzuschwingen, der überantwortet sich nicht der Tyrannei der Mehrheit, der taugt zum Kosmopolit, dessen innerer Reichtum, dessen Stärke sind aufrührerisch, gewaltig, der treibt nicht träge im Strom der Zeit und erleidet sich nicht von Morgen bis Abend, sondern will frei sein, aufs äußerste frei, kein Totgeborener. Jenseits des Spotts, der gegen ihn anschlägt, ist der Clown ein solcher Mensch.

Er würde sein Leben nicht mehr als eine Flucht von Augenblikken begreifen, er würde das mögliche Scheitern höherstellen als jeglichen Erfolg, er würde es nach bürgerlichen Maßstäben vielleicht sogar suchen. Denn dieses Scheitern enthüllt, reißt den Schleier vor den gesenkten Gesichtern in Fetzen, während der Erfolg entfernt von dem, was innen ist, das Innerste verdeckt.

Die clowneske Komik erringt stumme Größe durch den Versuch, aus der Verdunkelung der Fallsucht ins Licht zu treten, das Entsetzliche zu transzendieren mit Hilfe ihrer Kunststücke, diesem eigentlichen Symbol der Hinfälligkeit, durch die schöpferische Entladung vom Ekel des Absurden. Der Satyrchor des Dithyrambus galt auch als die erlösende Tat der griechischen Kunst.

In seiner durch unablässiges Stolpern verklärten Existenz scheint der Clown der Moderne den tradierten Dualismus wandelnd zu bestätigen: Glücksbringer und Widersacher fallen in einer Person zusammen, werden eins.

Die Weisheit des unbekannten, alternden Clowns ist die Weisheit desjenigen, der das Glück hatte, zu Lebzeiten vergessen zu werden, der gelernt hat, seine Wunden zu tarnen, im verborgenen zu bluten, der im Bewußtsein der Schwierigkeit, im ungestümen Stimmengewirr zu leben, dennoch überlebt.

Seine nie erlöschende Begierde, zu sehen, zu fühlen, von der Ungewißheit des Augenblicks in die Hinterlist des Tages zu taumeln, zu straucheln, sich doch aufzuraffen, voranzuschreiten, rettet ihn vor einer Existenz, die ihn loslöst, für immer verlassen, für immer außen, entsetzt zurückschreckend vor dem Alltagsanblick der Welt. Ein Kind ist immer Schauspieldirektor. Nicht so frostig, junger Sieger!

XXVI. Ins Reich des Möglichen

Und die Sonne machte den weiten Ritt um die Welt
E. M. Arndt – *Ballade*

Der Clown verwandelt Träume in Begehren, Begehren in Wünsche. Sein Streben wirft einen messianischen Vorschein, gibt Mut zur Entschlossenheit, eine gewaltige Veränderung zu wagen. Er ruft auf, ihm zu folgen, so daß sich die alltägliche Welt, wie sie zwischen aschfahlem, verhaßtem Mauerwerk ihre Fratze zeigt, flink permutiert und ihren versteckten Zauber, ihre rätselhafte Magie preisgibt.

Gäbe es keine soziale Ordnung, so wirbelte der Clown nur im begrenzten Zirkel der Arena oder auf einem anderen Stern. Aber er ist hier, ja dort, auf dem regennassen Pflaster der Straße, drüben, an der Ecke. Der Archetypus tanzt. Er lebt.

★

Dorthin gehen, wohin man vielleicht ginge, wenn man gehen könnte, dort sein, wo man wäre, wenn man sein könnte, heimkehren ins Reich des Möglichen, eine Fahrkarte kaufen, gültig auf Lebenszeit und auf allen Strecken, auf der Fahrt einen guten Happen Leben essen, die Pausen länger werden lassen zwischen den Sätzen und den Worten und den Stillen. Augen und Mund verwechseln, weitermachen, was weiterzumachen ist, ohne Unterhalt, nicht aufgeben im Bewußtsein, wieder aufgegeben zu haben ohne irgend etwas gehabt zu haben, gelebt zu haben, ohne gewesen zu sein.

Das Wirrwarr aus Stillen und Worten enträtseln, aus Stillen, die keine sind und Worten, die nur Wispern sind unter der großen gewölbten Kuppel. Worte Worte sein lassen inmitten eines raubgierigen Babel, Augenblicke sammeln, nicht Beute werden, die Körper sprechend machen, Körper, nicht unwissend wie die der Novizen, unausgetrunkene Möglichkeiten austrinken, langsam und fragend die gute Luft schlürfen wie ambrosischen Duft, den Glauben an unmittelbare Gewißheiten verwerfen, zweifeln, das Paradoxon leben, Gottes Türwart spielen und sich dabei mit einer Distel das Haar kitzeln, eine Epiphanie zelebrieren, das Herz vor Freude zappeln lassen, nie Empfundenes zur Äußerung drängen, sich dem Chor der Arithmetiker verweigern, gesalbte Sprüche vergessen, Tiefen schärfen, rutengängerisch Ursprünge suchen, ein kleines Entbrennen züchten, den Drang keimen lassen, sich gemäß zu werden, nicht Entwurf zu bleiben, nicht im Wollen zu verenden, das Loch im Sein stopfen, den Strohtod im Bett meiden; sich vom All wegtragen lassen, die Phalanx des Sternenheeres durchbrechend, auf einer gnostischen Himmelsreise vorandringen zu rastender Zeit, gesättigter Zeit.

Das folgende Literaturverzeichnis kann nicht im quantitativen Sinne alle für das Thema wesentlichen Veröffentlichungen aufführen. Ebensowenig sollen alle im Text gestreiften Buchtitel tabellarisch erfaßt werden, da dies den gesetzten Rahmen sprengen würde und nicht der Absicht dieser Arbeit entspräche. Dem interessierten Leser sind vielmehr im Sinne einer Leseliste auf zwei getrennten Ebenen die Buchtitel genannt, die entscheidenden Einfluß auf die Arbeit gehabt haben und als Schlüssel für jedes weitere Eigenstudium von Wichtigkeit sind.

Zunächst erfaßt der erste Teil Titel, die sich unmittelbar mit der Clownfigur befassen. Der zweite Teil erschließt Bücher, die als geistesgeschichtlicher Hintergrund mittelbar von Bedeutung für die behandelten Topoi sind. Gerade hier konnten aus der Fülle des interdisziplinären Ansatzes nicht alle Titel berücksichtigt werden, der interessierte Leser wird gebeten, im Einzelfall einen im Text erscheinenden Titel als ersten Hinweis zu werten.

XXVII. Literatur

Erster Teil

Dieses Literaturverzeichnis stellt eine begrenzte Auswahl dar. Zusätzliche Referenzen finden sich in der vierbändigen Ausgabe von Raymond Toole-Stott: „Circus and Allied Arts: A World Bibliography, 1500–1970“ (Derby, England: Hapur and Sons, 1958–1971)

Adrian: Ce Rire Qui Vient du Cirque. Bourg-la-Reine, France 1969.

Armin, Robert: Fools and Jesters (1608). Reprint London 1842.

Bandelier, Adolf F.: The Delight Makers (1890). Reprint New York 1954.

Beaumont, Cyril W.: The History of Harlequin (1926). Reprint New York 1967.

Bilboquet, Francois: Mes Souvenirs. Paris 1933.

Blount, B. Boyd: Eyes-Light. New York 1941.

Bock, Frank: „A Descriptive Study of the Dramatic Function and Significance of the Clown During Hopi Indian Public Ceremony.“ Phil. Diss., University of Southern California 1971.

Broadbent, R. J.: A History of Pantomime (1901). Reprint New York 1964.

Brown, Maria Ward: The Life of Dan Rice. Long Branch, N. J. 1901.

Burgess, Hovey: Circus Techniques. New York 1976.

Le Cirque Franconi: Détails Historiques sur cet Etablissment Hippique et sur ses principaux écuyers, recueillis par une chambriére en retraite. Lyon, France 1875.

Cook, Gladys Emerson: Circus Clowns on Parade. New York 1956.

Coursodon, Jean-Pierre: Buster Keaton. Paris 1973.

Cox, Harvey G.: The Feast of Fools. Cambridge Mass. 1969.

Darboy, Jane.: Les Fratellini. Paris 1948.

Deburau, Jean-Gaspar und Charles: Pantomimes de Gaspard et Charles Deburau. Paris 1889.

Decastro, Jacob: The Memoirs of J. Decastro, Comedian. London 1824.

Dimitri: Dimitri Album. Bern 1973.

Disher, Maurice Willson: Clowns and Pantomimes (1925). Reprint New York 1968.

–: Greatest Show on Earth (As Performed for Over a Century at Astley's – afterwards Sanger's – Royal Amphitheatre of Arts, Westminster Bridge Road) (1937). Reprint New York 1969.

Dmitriev, Yuri: The Russian Circus. Moskau 1953 (Russ.).

–: Vitaly Lazarenko. Moskau 1946 (Russ.).

Doran, John: The History of Court Fools (1858). Reprint New York 1966.

Dorcy, Jean: The Mime. New York 1961.

Duchartre, Pierre: The Italian Comedy (1929). Reprint New York 1965.

Durang, John: The Memoir of John Durang (American Actor, 1785–1816). Hrsg. von Alan S. Downer. Pittsburgh 1966.

Durov, Vladimir: My Circus Animals. Boston 1936.
Dvinsky, Emanuel: Durov and his Performing Animals. Moskau o. J.
Erasmus, Desiderius: The Praise of Folly (1511). Reprint New York 1946.
Fellini, Federico: I Clowns. Bologna, Italy 1970.
Findlater, Richard: Grimaldi, King of Clowns. London 1955.
Fisher, John: Funny Way to Be a Hero. Being a Penetrating History of Half a Century of British Music Hall Comedy. London 1973.
Franc-Nohain: Les Mémoires de Footit et Chocolat. Paris 1910.
Frost, Thomas: Circus Life and Circus Celebrities (1875). Reprint Detroit 1970.
Garnier, Jacques, und Aubin-Zavatta, Suzanne: Une Vie de Clown. Souvenirs de Rolph Zavatta. Orléans 1963.
Gillette, Don Carle: He Made Lincoln Laugh. The Story of Dan Rice. New York 1967.
Grimaldi, Joseph: Memoirs of Joseph Grimaldi. New York 1968.
Grock (Adrian Wettach): Grock. King of Clowns. London 1957.
–: Life's a Lark. London 1931.
Gueulette, Thomas: Théatre des Boulevards ou Recueil de Parades (1756). Reprint Paris 1881.
Hartzberg, Hiler, und Moss, Arthur: Slapstick and Dumb-Bell. New York 1924.
Hotson, Leslie: Shakespeare's Motley. New York 1952.
Hugounet, Paul: Mimes et Pierrots. Paris 1889.
Keith, Charles: Circus Life and Amusements. Derby 1879.
Kelly, Emmet, mit F. Beverly Kelley: Clown. New York 1954.
Kogan, M.: The Art of Clowning. Moskau 1969 (Russ.).
Kunzog, John C.: The One-Horse Show. The Life and Times of Dan Rice, Circus Jester and Philanthropist (A Chronicle of Early Circus Days). Jamestown 1962.
Lambda: Pick et White, Clowns Illusionistes. Limoges 1948.
Lesclide, Richard: Mémoires et Pantomimes des Fréres Hanlon-Lees. Paris 1879.
McNamara, Brooks: Step Right Up. Garden City, N. Y. 1976. „Madame B . . ." Les Animaux Savants, ou les Exercices des Chevaux de M. M. Franconi, du Cerf Coco, du Cerf Azor, de l'Eléphant Baba, des Serins Hollandais, du Singe Militaire, etc. Paris 1816.
Mander, Raymond, und Mitchenson, Joe: Pantomime. London 1973.
Mariel, Pierre: Les Fratellini. Histoire de Trois Clowns. Paris 1923.
Mayer, David: Harlequin in His Element. The English Pantomime, 1806–1836. Cambridge, Mass. 1969.
Melchinger, Siegfried: Harlekin. Bilderbuch der Spaßmacher. Basel 1959.
Mic, Constant: La Commédia dell'Arte. Paris 1927.
Moreau, Paul: Fous et Bouffons (Etude Physiologique et Historique). Paris 1885.
Newton, Douglas: Clowns. London 1958.
Nicoll, Allardyce: Masks, Mimes and Miracles (1931). Reprint New York 1963.
Oreglia, Giacomo: The Commedia dell'Arte. New York 1968.
Péricaud, Louis: Le Théâtre des Funambules. Paris 1897.

Perrodil, Edouard de: Monsieur Clown. Paris 1889.
Petit de Julleville, L.: Les Comédiens en France au Moyen Age. Paris 1885.
Polakovs, Nikolai: Behind My Greasepaint. London 1950.
Popov, Oleg: Russian Clown. London 1970.
Radin, Paul: The Trickster. A Study in American Indian Mythology. New York 1972.
Rémy, Tristan: Entrées Clownesques. Paris 1962.
–: Jean-Baptiste Auriol. Sauteur, danseur de corde, écuyer et clown, 1806–1881. Paris 1957.
–: Jean-Gaspard Deburau. Paris 1954.
–: Les Clowns. Paris 1945.
Reynolds, Butch: Broken Hearted Clown. London 1954.
Rivels, Charlie: Poor Clown. London 1972.
Sand, Maurice: The History of the Harlequinade. 2 Bde. (1862). Reprint New York 1968.
Scala, Flaminio: Scenarios of the Commedia dell'Arte. Translated by Henry F. Salerno. New York 1967.
Schneer, A. (Hg.): Circus. A Concise Encyclopedia. Moskau 1973 (Russ.).
Sherwood, Robert: Here We Are Again. Recollections of an Old Circus Clown. Indianapolis 1926.
–: Hold Yer Hosses! The Elephants Are Coming. New York 1932.
Sokan, Robert: A Descriptive and Bibliographic Catalog of the Circus and Related Arts Collection of Illinois State University. Illinois 1976.
Swain, Barbara: Fools and Folly During the Middle Age and the Renaissance. New York 1932.
Talanov, Aleksandr Viktorovich: The Brothers Durov. Moskau 1971 (Russ.).
Thétard, Henry: La Merveilleuse Histoire du Cirque. 3 Bde. Paris 1947. (Bd. 3 ist die Geschichte der Fratellini.)
Tietze-Conrat, Erica: Dwarfs and Jesters in Art. New York 1957.
Towsen, John H.: Clowns. New York 1976.
Turnour, Jules: The Autobiography of a Clown. As told to Isaac F. Marcosson. New York 1910.
Tyron, John: The Old Clown's History. New York 1872.
Valentin, Karl: Gesammelte Werke. München 1961.
Wallett, William F.: The Public Life of W. F. Wallett, the Queens's Jester. London 1870.
Welsford, Enid: The Fool. His Social and Literary History (1935). Reprint London 1968.
„Whimsical Walker." From Sawdust to Windsor Castle. London 1922.
Willeford, William: The Fool and his Scepter. Evanston 1969.
Wilson, A. E.: King Panto. The Story of Pantomime. New York 1935.
Wright, Thomas: History of Caricature and Grotesque in Literature and Art (1865). Reprint New York 1968.
Zavatta, Achille: Souvenirs et Anecdotes de Trente Ans de Cirque. Paris 1954.

Zweiter Teil

Adorno, Theodor W.: Gesammelte Schriften. Frankfurt 1976.
Appignanesi, Lisa: Das Kabarett, mit einem Vorwort von Werner Finck. Stuttgart 1976.
Arendt, Hannah: Macht und Gewalt. München 1970.
–: Life of the mind. New York 1976.
–: What is Existence Philosophy, Partisan Review, XIII 1946, S. 34ff.
Aristophanes: Comoediae. Hrsg. von F. W. Hall, Oxford 1976.
Baader Oberdada, Johannes: Schriften, Manifeste, Flugblätter, Billets, Werke und Taten, hrsg. und mit einem Nachwort von Hanne Bergius, Norbert Miller, Karl Riha. Lahn-Gießen 1977.
Bachtin, Michail: Literatur und Karneval. Zur Romantheorie und Lachkultur. München 1969.
Bauer, Raymond: The New Man in Soviet Psychology. Cambridge 1952.
Bair, Deidre: Samuel Beckett. New York 1978.
Ball, Hugo: Flamentti oder vom Dandyismus der Armen. Frankfurt/Main 1975.
–: Flucht aus der Zeit. Luzern (1927) 1946.
–: Tenderenda der Phantast. Zürch 1967.
Baudelaire, Charles: Oeuvres. Texte etablié et annoté par Yves-Gerard Le Pantec. Paris 1954.
–: Vom Wesen des Lachens. München 1923.
–: Die Tänzerin Fanfarlo. Zürich 1977.
Beckett, Samuel: Waiting for Godot. New York 1954.
–: Serena I. in: Poems in English. New York 1961.
–: Nouvelles et Textes pour rien. Paris 1950.
–: Krapp's Last Tape and Other Short Dramatic Pieces. New York 1960.
Benedict, Ruth: Patterns of culture. New York 1934.
–: Anthropology and the Abnormal. Journal of General Psychology 1934, S. 59ff.
Benjamin, Walter: Gesammelte Schriften. Frankfurt 1974.
Bergius, Hanne: „Der Da Dandy – Ein Narrenspiel aus dem Nichts", in: Dada in Europa, Werke und Dokumente. Ausst. Kat. Berlin 1977, S. 3/12ff.
Ausst. Kat. Berlin 1977: Tendenzen der zwanziger Jahre, 15. Europäische Kunstausstellung, Berlin 1977.
Bernhard, Marianne (Hrsg.): Franz Graf von Pocci. Die gesamte Druckgrafik. München 1974.
Bloch, Ernst: Werke. Gesamtausgabe. Frankfurt 1959ff. (Besonders Band 1: Spuren, Band 3: Geist der Utopie, Band 5: Das Prinzip Hoffnung, Band 14: Atheismus im Christentum.)
Bloch, Georges: Pablo Picasso. Katalog des graphischen Werkes 1904–1967. Bern 1968.
Boxzkowska, A.: „The Lunar Symbolism in the Ship of Foolsby Hieronymus Bosch", in: Oud Holland. The Quarterly for Art History. Bd. 86, 1971, Nr. 2–3.
Bollnow, Otto Friedrich: „Deutsche Existenzphilosophie und französischer

Existentialismus". In: Zeitschrift für philosophische Forschung 2 (1947) S. 231–243.
Borges, Jorge Luis: Gesammelte Werke. München 1980.
Bose, Günter, und Erich Brinkmann: Circus. Geschichte und Ästhetik einer niederen Kunst. Berlin 1978.
Bosl, Karl: Europa im Mittelalter. Bayreuth 1978.
Buber, Martin: Ich und Du. Heidelberg 1977.
Burrows, Adrienne/Iwan Schumacher: Doktor Diamonds Bildnisse von Geisteskranken. Frankfurt/Main 1979.
Calmann, Gerta: „The picture of nobody. An iconographical Study", in: Journal of the Warburg and Courtauld Institutes, London, Bd. 23.
Camus, Albert: Le mythe de Sisyphe. Paris 1942.
Cassierer, Ernst: An Essay on Man. New Haven 1951.
Cohn, Robert: The Writers Way in France. Oxford 1978.
Croxall, Thomas Henry: Kierkegaard. New York 1956.
Craib, Ian E.: Existentialism and Sociology. A Study of Sartre. Cambridge 1976.
Driessen, Otto: Der Ursprung des Harlekin, ein kulturgeschichtliches Problem. Berlin 1904; Neuausgabe als Band XXV der „Forschungen zur neueren Literaturgeschichte", hrsg. von Franz Muncker. Hildesheim 1977.
Droysen, Johann G.: Geschichte des Hellenismus. München 1980.
Duchâtre, Pierre-Louis: La Comédie italienne. Paris 1925.
Einstein, Carl: Bebuquin oder die Dilettanten des Wunders. Frankfurt/Main 1974.
Elias, Norbert: Über den Prozess der Zivilisation. Frankfurt 1978.
Fahrenbach, Helmut: Existenzphilosophie und Ethik. Frankfurt 1970.
Flögel, Karl Friedrich: Geschichte des Grotesk-Komischen. Leipzig 1786 (neu bearbeitet und erweitert von Friedrich W. Eberlin 1862, Nachdruck: Dortmund 1978).
–: Geschichte der Hofnarren. Liegnitz und Leipzig 1789 (Neudruck: Hildesheim/New York 1977).
Foucault, Michel: Wahnsinn und Gesellschaft. Eine Geschichte des Wahns im Zeitalter der Vernunft. Frankfurt/Main 1969 (französisch: Paris 1961).
–: Die Ordnung der Dinge. Frankfurt 1974.
Gadamer, Hans Georg: Vernunft im Zeitalter der Wissenschaft. Frankfurt 1976.
Gehlen, Arnold: Urmensch und Spätkultur. Frankfurt 1964.
Gessner, Niklaus: Die Unzulänglichkeit der Sprache. Eine Untersuchung über Formzerfall und Beziehungslosigkeit bei Samuel Beckett. Zürich 1977.
Giffard, D. J.: Iconographical Notes Towards a Definition of the Warburg Institute. London, Bd. 37, 1974, S. 336–347.
Gorsen, Peter: Kunst und Krankheit. Frankfurt/Main 1980.
Grosz, George: Briefe 1913–1959. Hrsg. von Herbert Knust. Reinbek 1979.
Ausst. Kat. Hamburg 1963: Die wilden Leute des Mittelalters. Hamburg, Museum für Kunst und Gewerbe 1963.
Ausst. Kat. Hamburg 1980/81: Goya. Das Zeitalter der Revolutionen 1789–1830. Hrsg. von Werner Hofmann. Hamburger Kunsthalle 1980/81.

Ausst. Kat. Hannover 1970: Gunter Hofer/Karl Wiechert (Hrsg.): Imaginäre Welten – Gestalteter Wahn. Hannover, Medizinische Hochschule, 1970.
Ausst. Kat. Hannover 1978: Bizarr, Grotesk, Monströs-Karikaturen der Zeitgenossen. Hannover, Kestner-Gesellschaft, 1978.
Harper, Paula Hays: Daumiers Clowns. Les Saltimbanques et les Parades. New Biographical and Political Functions for a Nineteenth Century Myth. New York 1980.
Heidegger, Martin: Sein und Zeit. Tübingen 1979.
–: Was ist Metaphysik. Bonn 1929.
–: Vom Wesen der Wahrheit. Frankfurt 1943.
–: Platos Lehre von der Wahrheit. Mit einem Brief über den Humanismus. Bern 1947.
–: Wegmarken. Frankfurt 1967.
Ausst. Kat. Heidelberg 1980/81: Die Prinzhorn-Sammlung. Bilder, Skulpturen, Texte aus psychiatrischen Anstalten (ca. 1890–1920). Königstein/Taunus 1980–81.
Heman, Peter (Hrsg.): Unsere Fasnacht. Basel 1971.
Hofmann, Werner: „Entfremdungen", in: Bruchlinien. Aufsätze zur Kunst des 19. Jahrhunderts. München 1979, S. 214–231 (zuerst französisch 1977).
Hugill, Beryl: Bring on the Clowns. London 1980.
Joyce, James: Ullysses. Paris 1922.
–: Letters of James Joyce, Bd. I. New York 1957.
–: Finnegans Wake. London 1939.
Jung, C. G., und Kereny, K.: Essays on a Science of Mythology. New York 1948, Bollingen Series, Bd. XXII.
Kaiser, Walter: Praisers of Folly. Cambridge 1963.
Kierkegaard, Sören: Werke. Hrsg. von Liselotte Richter. Hamburg 1960ff.
–: Religiöse Reden. München 1950.
–: Das Evangelium des Leidens. Christliche Reden. München 1933.
–: Über den Begriff der Ironie. Frankfurt 1976.
Klibansky, Raymond: Erwin Panofsky, Fritz Saxl. Saturn and Melancholy, Studies in the History of natural philosophy, religion and art. London 1964.
Ausst. Kat. Köln 1978: Die Parler und der Schöne Stil 1350–1400. Europäische Kunst unter den Luxemburgern. Ein Handbuch zur Ausstellung des Schnütgen-Museums in der Kunsthalle Köln. Hrsg. von Anton Legner, 3 Bde. Köln 1978.
Könneker, Barbara: Wesen und Wandlung der Narrenidee im Zeitalter des Humanismus. Wiesbaden 1966.
Kreuzer, Helmut: Die Bohéme. Analyse und Dokumentation der intellektuellen Subkultur vom 19. Jahrhundert bis zur Gegenwart. Stuttgart 1971.
Kudszus, Winfried (Hrsg.): Literatur und Schizophrenie. Theorie und Interpretation eines Grenzgebietes. Tübingen 1977.
Kuhn, Helmut: Wesen und Wirken des Kunstwerks. München 1960.
Langan, Th.: The meaning of Heidegger. A critical study of an existentialist phenomenology. New York 1959.

Lefebvre, Joel: Les fols et la folie. Etude sur les genres du comique et de la création littéraire en Allemagne pendant la Renaissance. Paris 1968.
Levi-Strauss, Claude: Das wilde Denken. Frankfurt 1978.
Lepenies, Wolf: Melancholie und Gesellschaft.
Lombroso, Cesare: Genie und Irrsinn. Turin 1887 (Neuaufl. 1920).
Ausst. Kat. London 1978: Dada and Surrealism Reviewed. Hrsg. von Dawn Ades. London 1978.
Malinowski, Bronislaw: Magic, Science and Religion and other Essays. Hrsg. von Robert Redfield. Boston 1948.
Mann, Otto: Der Dandy. Ein Kulturproblem der Moderne (1925). Gerabronn 1962.
Mayer, Hans: Außenseiter. Frankfurt 1976.
Meier, Hadumoth: „Die Figur des Narren in der christlichen Ikonographie des Mittelalters", in: Das Münster, Zeitschrift für christliche Kunst und Kunstwissenschaft, Bd. 8, 1955, S. 1ff.
Meyer, Hermann: Der Sonderling in der deutschen Dichtung. München 1980.
Mühlmann, Wilhelm E.: Geschichte der Anthropologie. Frankfurt 1968.
Ausst. Kat. Münster 1980: La caricature, Bildsatire in Frankreich 1830–35 aus der Sammlung Kritter. Münster, Westfälisches Landesmuseum für Kunst- und Kulturgeschichte; Göttingen, Kunstsammlung der Universität; Mainz, Gutenberg-Museum, 1980/81.
Navratil, Leo: Schizophrenie und Kunst. München 1965.
Neumeister, Sebastian: Der Dichter als Dandy – Kafka, Baudelaire, Thomas Bernhard. München 1973.
Ausst. Kat. New York 1980/81: The wild Man. Medieval Myth and Symbolism. Hrsg. von Timothy Husband und Gloria Gilmore-House. New York, The Metropolitan Museum of Art, 1980/81.
Nick, Friedrich: Die Hofnarren, Lustigmacher, Possenreißer und Volksnarren. Stuttgart 1861.
Nicoll, Allardyce: The World of Harlequin. A Critical Study of the Commedia dell'Arte. Cambridge/London/New York/Melbourne 1963.
Nigg, Walter: Der christliche Narr. Zürich 1956.
Ausst. Kat. Nürnberg 1976: Die Welt des Hans Sachs. 400 Holzschnitte des 16. Jahrhunderts. Hrsg. von den Stadtgeschichtlichen Museen. Nürnberg 1976.
Oreglia, Giacomo: The Commedia dell'Arte. Einführung von Evert Sprinchorn. New York 1968 (zuerst 1961).
Orloff, Alexander: Karneval, Mythos und Kult. Wörgl/Österreich 1980.
Panofsky, Dora: „Gilles or Pierrot? Iconographical Notes on Watteau", in: Gazett des Beaux-Arts, 1952, Heft I, S. 319ff.
Penner, Dick: Fiction of the Absurd. New York 1980.
Poley, Stefanie: „. . . und nicht mehr lassen mich diese Dinge los". Prinzhorns Buch „Die Bildnerei der Geisteskranken" und seine Wirkung in der modernen Kunst", in: Ausst. Kat. Heidelberg 1980/81, S. 55–70.

Promies, Wolfgang: Die Bürger und der Narr oder das Risiko der Phantasie. Sechs Kapitel über das Irrationale in der Literatur des Rationalismus. München 1966.

Quetel, Claude und Piérre Morel: Les fous et leurs médecines de la Renaissance au XXe siécle. Paris 1979.

Radin, Paul: Primitive Man as a Philosopher. New York 1927.

Raether, Martin: Der „acte gratuit". Revolte und Literatur. Hegel – Dostojewski – Nietzsche – Gide – Sartre – Camus – Becket. Studia Romanica 37. Heidelberg 1980.

Rickelt, Arthur: A History of English Literature. London 1974.

Sartre, Jean Paul: L'être et le néant. Essai d'ontologie phénomenoloque. Paris 1943.

–: L'existentialisme est un humanisme. Paris 1946.

–: Conscience de soi et Connaissance de soi. In: Bulletin de la Societe Francaise de Philosophie 42 (1948).

–: Critique de la raison dialectique, précedé de Question de méthode. Paris 1960.

Scheff, Thomas J.: Das Etikett Geisteskrankheit. Soziale Interaktion und psychische Störung. Frankfurt/Main 1980.

Schöne, Annemarie: „Die weisen Narren Shakespeares und ihre Vorfahren". In: Jahrbuch für Ästhetik- und allgemeine Kunstwissenschaft. Bonn 1960, S. 202 ff.

Schopenhauer, Arthur: Werke. Gesamtausgabe. Zürich 1976.

Serner, Walter: Letzte Lockerung. Ein Handbrevier für Hochstapler (Lugano 1918), Berlin 1964.

Sinn, D.: Heideggers Spätphilosophie. In: Philosophische Rundschau 15 (1967) S. 81 ff.

Sontag, Susan: Krankheit als Metapher. München 1978.

Sorokin, Pitirim: Sociocul ural Dynamics. New York 1937–1941.

Spörri, Reinhard: Die Commedia dell'arte und ihre Figuren. Wädenswil 1977.

Starobinski, Jean: Portrait de l'artiste en Saltimbanque. Genf 1970.

Tietze-Conrat, Erika: Dwarfs and Jesters in Art. London 1957.

Tillich, Paul: Das Ewige im Jetzt. Religiöse Reden. Stuttgart 1964.

–: Unter der Maske des Narren. Stuttgart 1981.

Usinger, Fritz: „Die geistige Figur des Clowns in unserer Zeit". In: Abhandlungen der Akademie der Wissenschaften und der Literatur, Abh. 2. Jg. 1964, Wiesbaden 1964, S. 23–35.

Ussher, Arland: Journey through dread. A Study of Kierkegaard, Heidegger and Sartre. London, New York 1955.

Whitehead, A. N.: Uses of Symbolism. New York 1960.

Wiesengrund-Adorno, Theodor: Kierkegaard. Konstruktion des Ästhetischen. Tübingen 1933.

Wind, Edgar: Kunst und Anarchie. Frankfurt 1979.

Winkler, Friedrich: Dürer und die Illustration zum Narrenschiff. Berlin 1951.

Wittgenstein, Ludwig: Culture and Value. Oxford 1980.

Wittkower, Rudolf und Margot: Künstler, Außenseiter der Gesellschaft. Stuttgart 1965.
Wunderlich, Werner (Hrsg.): Eulenspiegel-Interpretationen. Der Schalk im Spiegel der Forschung 1807–1977. München 1979.